RAINBOW | 109

신은 멀미를 해도 괜찮아

사공정숙 시집

초판 발행 2023년 10월 31일
지은이 사공정숙
펴낸이 안창현 **펴낸곳** 코드미디어
북 디자인 Micky Ahn
교정 교열 민혜정
등록 2001년 3월 7일
등록번호 제 25100-2001-5호
주소 서울시 은평구 갈현로 318-1 1층
전화 02-6326-1402 **팩스** 02-388-1302
전자우편 codmedia@codmedia.com

ISBN 979-11-93355-05-3 03810

정가 12,000원

이 책의 판권은 지은이와 코드미디어에 있습니다.
잘못 만들어진 책은 교환해드립니다.

신은 멀미를 해도 괜찮아 │사공정숙 시집

사공정숙

詩人의 말

떠돌이별은 어떻게 지상에 내려왔을까.

길을 헤매다가 별빛을 저당 잡히고 내려온 가여운 별, 하늘의 빛을 갚기 위해 부지런히 그림을 그려야 했다. 그려야 할 것은 많았지만 허공은 너무 크고 넓어 가늠조차 힘들었다. 빈 화폭에 압도되어 그릴까 말까 망설이는 동안 빚은 늘어나고, 빛은 점점 줄어들고.

코너에 몰린 못난 별이 지구 귀퉁이에 자리 잡고 앉아 노랑, 파랑, 검정 물감 풀어 개발새발 붓질하고 있다. 저 혼자 흥이 나 노래까지 부르면서.

2023년 가을
사공정숙

차례 시인의 말 · 4

1부   노랑

나비와 피라미드 _14

둥근 것들에게 바치는 경배 _16

기억 _18

낱말 풀이 _19

벚꽃 핀 날 _20

선물을 재단하다 _22

도시의 3월 _24

노랑 _25

목련 _26

매듭에 대한 논문 _28

아침 소식 _30

나에게 _32

2부 파랑

칫솔 보살에게 _36

수서역에서 _38

수박의 낙하 _40

집으로 오는 길 _42

선언문 _44

고등어가 등장하는 시간 _46

장미공원의 소식 _48

오심천의 전설 _50

여름 감기를 앓다 _52

장마에 해야 하는 일 _54

파랑 _56

관촉사 통신 _57

모두가 문득 _58

차례

3부　　초록

꽃을 위한 수인 _62

밤의 정령을 위한 충고 _64

뜨개질하는 풍경 _66

시험문제를 풀다 _68

가을 산책 _69

탄수화물의 행보 _70

아보카도 그린 _72

티벳여우와 우는토끼 _73

분리수거의 날 _74

안부 _76

어느 음치의 노래 _78

마을버스 속 이야기 _80

손편지 _82

4부   회색

미로 찾기 _86

웃음소리 _88

기다려도 오지 않는다 _89

삼자대면 _90

겨울, 공산산성에서 _92

불황 _94

회색지대 _95

울타리 안의 일 _96

나무들의 도서관 _98

신은 멀미를 해도 괜찮아 _100

창밖의 12월 _101

네크로폴리스 _102

차례

5부 검정

이사 1 _106

이사 2 _108

이사 3 _110

굴비가 오른 밥상 _112

자정의 무게 _114

미장원 소묘 _116

길 위의 작은 돌멩이를 다독이다 _118

물의 나이테 _120

검정의 그림자 _121

비망록 _122

새우 _124

꽃수를 놓으며 _126

눈의 집 _128

신은 멀미를 해도 괜찮아

아직 빼딱한 사춘기의 표정은 도착하지 않았다
숙성되어 채도 낮은 골드까지 가려면 시간의 긴 늪과 오솔길을 건너야 하고,
이제 봇짐 속에 놓치거나 잃어버린 물목을 점검하며
수시로 방향을 바꾸며 길을 떠나야 하리라

- 「노랑」 중에서

1부

노랑

나비와 피라미드

나비 한 마리가 출근길에
청무우밭도 아닌
바다도 아닌
지하철 역사로 팔랑거리며 내려앉았다
에스컬레이터 앞에서 다시 더 깊은 심연으로 내려가
가만히 멈춘 날갯짓
나비에게 역은 저 너머 얼음 박힌 우주처럼,
끝내 풀지 못할 방정식처럼
차갑고도 큰 세계이다
나비는 길을 잘못 든 게 아니다
지하철을 타고 꽃밭으로 가려는 것도 아니다
나비는 자신의 피라미드를 찾아온 것이다
봉인되지 않은 나비의 피라미드
아무도 기억하지 않아 더 단단해진 무덤,
오가는 사람들의 표정과 발자국 소리,
전동차의 울림과 궤적을 부장품으로 넣었음이다
부장품이 사라진 역사는
나비의 존재를 우상화하고
저물녘 낡아가는 기울기 속에서

꽃의 지문을 더듬던 혼잣말까지
모두 박제로 만들어 간다
여기, 저기 흔들리며 걸어가는 나비의 피라미드

둥근 것들에게 바치는 경배

담벼락에 기대고 무심히 서 있는 자전거 바퀴를
일없이 돌려보네
삐걱대며 돌아가는 둥근 쳇바퀴 따라
문득 지나온 길들이 손에 잡히네
길섶 아침 이슬과 일몰의 광휘가 사라지던
반복의 패턴 속
누군가 둥글게 먼 시간의 바퀴를 굴려온 밥상 위에
가만히 놋수저 한 벌을 얹어 보네

둥근 것들이 지나온 길은
원심력과 구심력의 균형을 맞추는 것
눈물방울 굴려 진주를 품는 일처럼 난해한 공식이었지만
일어난 일들은 모두
오답 없는 정답이었다 외쳐보네

보름날 내 모난 날들을 손바닥에 올려놓고
지문이 닳도록
꽃을 시샘하는 마음까지 얹어
경단을 빚듯 둥글리는 날

지구를 굴리며 우주를 산책하던 호기로운 당신과 그리고
이 세상 모든 둥근 것들에게
한 아름
동쪽 울타리 아래 국화를 따서* 바치네

---
* 도연명의 시「채국동리하(彩菊東籬下)」중에서

기억

저녁에서 밤으로 가는 초입 아련히 내려앉는 어둠의 밀도가 참 마음에 들어, 신호등 앞에서나, 호숫가 산책길에서나 누굴 마주쳐도 낯가림을 면하게 해주네, 허술한 옷차림에도 뻔뻔해지다가 점점 더 으쓱 어깨가 올라가지 페달을 밟는 순간부터! 누가 지구를 돌려봤는가? 거대한 풍차의 끄트머리를 한 발씩 디뎌 굴리듯, 풍경은 3차원의 깊은 안개 속으로 꼬리를 감춘다 쓰윽, 등받이 없는 왕좌에서 천상천하 유아독존 나는 이제 지상에 빌붙어야 사는 불쌍한 짐승도, 없는 길 내며 허공에서 똥을 갈기는 새들과는 영 다른 족속이지 머리 위엔 멀리서 달려오느라 허기진 별들이 반짝이며 박수, 박수를 보내고, 달리지 않으면 넘어질까 아슬아슬 공중 부양 중 바람의 갈기를 접수하고, 마군처럼 다가오는 어둠 두 개의 동그라미로 헤쳐가 앞으로 앞으로! 여름 날벌레가 시절을 핑계 삼아 악수를 청하지만 미안 난 바빠, 신나게 지구를 돌려야지, 돌려보면 알아 지구가 둥글다는 사실, 언제나 제자리 원점으로 돌아와 낙마하여 지상의 짐승이 되는 바로 그 자리로, 그래도 기억한다네 안장 높이만큼 고귀했던 순간을 증명하는 바람의 서명을, 시립한 검은 수목들의 비호를, 달을 향해 날아오르던 한 마리 짐승의 독백을

낱말 풀이

여기저기,
어디서나
보인다
본다
보다
봄

봄이다.

벚꽃 핀 날

네 검은 속내가 흰 거짓말로 피어오르던 저녁
나는 그림자를 떠다 흰밥을 짓네
그 밥알마다
박혀있던 씨눈이 떨어져 나가
자꾸만 뒤로 걷는 입 없는 사람
허기져 공중 부양이 취미인 사람
모호한 내 꿈과 네 꿈을 섞으려는 사람들
그들을 잇는 쉬운 길이 되었네

우리가 언제 함께 밥을 먹었던가
밥은 곧잘 거짓말을 하게 만들지
방향을 바꾸어 가며, 고개를 돌려가며
길 없는 길을 떠다녔지
이제 올라가는 힘으로 떨어져야 하리라
행여 바람이 떠받치는 부력에 돛단배를 띄울까
망설이며 지상에 그려가는 마지막 거짓말
나는 밥 또는 그림자

그 흰 거짓말에 중독되어

자꾸만 하늘로 고개가 꺾이던 저녁

흔들지 않아도 흔들리며

짧은 보폭으로 다가오는 춤, 춤

선물을 재단하다

의류 수거함에 넣기에도 민망한 원피스 한 벌을 앞에 두고
소 한 마리 해체하는 도축업자처럼 자못 비장합니다
근육의 소실로 자주 삐걱대는 팔과 어깨를 어루만져 주고,
외기의 눈 흘김을 막아주었던
바른쪽 팔 하나를 다칠세라 조심조심 떼어냅니다
나머지 한 쪽 팔은 조금 과감하게 잘라내었습니다
둥글게 이어진 바이어스 선이 허물어진 목덜미,
수천 번 벗고 입은 윤회의 고운 때가 안쓰럽군요
가위손을 잠시 멈추고 먼 기억의 주춧돌을
하나, 둘 빼내 보다가
봉긋했을 가슴의 여유를 배려한 다트선 위로
자주 묵직한 돌이 얹히곤 했던 자리를 가만히 짚어 봅니다
그리고
치부를 가려주던 넓고 헐렁해진 생의 앞면을 도려내었습니다
아귀가 맞지 않아 주름지고 뒤틀린 생의 뒤편을 놓고
기대고 비비고 눌리어
베틀 위의 날실과 씨실이 오늘은 맑음, 내일은 흐림
거스르기 힘든 물결로 흘러갔을 세세하고 희미한 기억 속으로
더듬어 갑니다

빛나던 한 벌의 청춘은 수 놓인 덮개로, 작은 쿠션 커버로, 커피잔 매트로, 현관의 먼지를 닦는 걸레 조각으로, 그리고 쓰레기가 되는 부스러기로 나뉘어졌습니다
 실들의 모임, 여름 한철을 건너던 나의 피부가
 해체되기 전의 두루마리 옷감을 재생해 봅니다
 갓 태어난 천들의 싱싱한 생명도 주인의 어긋난 크기를 따르지 못해
 잘려갔을 나머지들은 또 어디로 향했을까요
 조각보가 되어 난삽한 마음을 가리는 가리개가 되었을까요
 싸구려 소파 속 제물로 갇혀 있을까요

 자투리의 쓸모와 자투리의 버려짐,
 온전함이란 이렇게 맞춰지는 겁니다
 원래 있었거나 원래 없었거나
 선물은 사라지고 바뀌어 가면서 찾아오는 것입니다

도시의 3월

 장전을 마친 총구의 떨림, 분사의 쾌감, 명중을 향한 기대가 살갗에 닿아 있다 긴장과 이완 속에 열리는 겨울눈의 폭발음, 내 몸의 가스를 내보내는 것과 비교할 수 없다는 걸 안다 도처에서 감지되는 허공으로 팔 뻗은 숨죽인 아우성, 겨눈 시선 따라 날아다니는 과녁들, 요절하는 바람의 갈기, 눈을 감으면 더 선명해지는 피할 수 없는 애무의 변덕까지 도시의 골목에 가득하다 귓가를 스치는 바람의 속도와 질량을 담은 순간의 이어짐 실눈을 뜨면 경계에서 피어나는 들썩임을 안고, 아지랑이는 공원 너머 도로 위에 겁 없이 올라앉는다 육교 위 현수막이 펄럭이며 게으른 햇살을 부채질해 내려오고 하늘은 몇 조각 마른 구름만을 거느리고 헛기침을 해대는 날, 나는 빈총을 들고 활자들의 창고를 기웃거리며 공포탄을 쏘아 올린다 기다림은 해마다 진부해진다 강물 위 물비늘의 투정이 익숙해지는 오늘 그리고 또 오늘, 비눗방울처럼 번져가는 축포의 파열음을 본다

노랑

 어린이 나라로 들어갈 수 있는 여권, 세상이 무서워 어깨동무하고 우우 몰려다니는 노랑, 노랑은 징검다리, 바람 속에서 따뜻했다 아직 삐딱한 사춘기의 표정은 도착하지 않았다 숙성되어 채도 낮은 골드까지 가려면 시간의 긴 늪과 오솔길을 건너야 하고, 이제 봇짐 속에 놓치거나 잃어버린 물목을 점검하며 수시로 방향을 바꾸며 길을 떠나야 하리라 지금 이곳에서부터 저 쨍하게 밝은 날들이 뼈마디 욱신거리는 곳곳마다 스며들어 부드럽게 힘차게 늙어가기를

목련

죽음 후의 삶이 누더기일지라도
후회하지 않겠다
1등으로 경주를 마치고도 힘이 남은 마라톤 선수를
부러워하지 않겠다
요양병원 침대에서 가물거리는 꿈 이어가는 삶
마다하지 않겠다

밤마다 환한 보름달빛
연꽃으로 마름질한 창호지에 담고
낮이면 찬탄의 눈빛까지
볕으로 부풀어 올라

말미암아 당신, 풍장은 어렵겠다
동족을 닮은 죄로 조장鳥葬은 더 어렵겠다
매달려 명상에 들었다가
소풍 온 동자승 가슴에 그림자 없는 탑 하나 세우고
좌탈입망한 나무 위의 도반들
환대에는 질시가
빛남에는 얼룩이

제 뿌리를 베고

화장도 매장도 물 건너간

바람을 이불 삼아 지루한 노숙의 잠에 든다

생의 끝은 아프고도 길어

미움조차도 보듬어 안는다

매듭에 대한 논문

졸음 가득한 강 아래 동네에 벚꽃이 활짝 피었습니다,
툭- 이른 낙화에 바람의 필체가 순간 흐트러졌다가
다시 봉합되는 한낮입니다, 강 건너 북쪽의 꽃은
아직 봉오리인 채 시늉만 할 뿐이네요
꽃의 개화가 터울 지며 웃어가는 것, 참 좋습니다
나는 그 시간과 공간의 간격 사이에서
하나의 리듬처럼 때론 시간차 공격 같은
매듭의 모양을 상상합니다,
페이지가 바뀌고, 날짜가 건너가고, 국경이 그어지고,
우리의 생각이 달라지고, 울다가 웃고, 해가 지고 달이 떠도,
누구도 매듭의 정확한 실체를 보지 못했습니다
무궁화꽃이 피었습니다, 순간 술래의 눈을 피해
발을 끄는 짜릿한 눈속임이 이어지던 어린 시절 지나
학교 성적표와 졸업장으로 매듭의 이음새는
조금 풍성해졌습니다만 먹을 것을 찾아 도시로 흘러들면서
너와 나는 강을 사이에 두고
어제의 기억과 내일의 희망이 교차하여
쫑쫑 땋은 갈래머리에 얹힌 나비 같은 리본을 보고
세계를 달리 해 피고 지는 꽃들의 목숨과

출렁이는 그물눈 위에 지층을 이루며 쌓여가는 소식들과
가볍게 날아올랐다가
무리 지은 구름이 기댈 데를 찾아 떠돌다가
바다로 흘러드는 지친 발걸음을 보며
때론 맺고 때론 풀어야 하는 매듭의 소재로 보았을까요

풀릴 것을 예감하는 매듭의 단단함에 反하여
빽빽하게 긴 주석을 답니다
돋보기를 쓰고 찬찬히 주석의 출처와 문구를 살피면서
미완의 본문에 덧붙여 가는, 이어가는 교정은 여전합니다

아침 소식

아침이면 베란다 창밖에서 까치가 운다

아주 오래된 거래였다

'어둡고 무겁고 아픈, 철 지난 파일들을 수거합니다'
재활용품을 수집하는 트럭이 외치며 지나가듯이
까치는 마음 베일라 깨진 유리와 사금파리를
밖으로 물어 나르는 배달부를 자청하였다
집집마다 숨은 파일 속을 뒤지고 찾아보면서
그는 반가운 손님이 되어갔다

까치 소리에 귀를 기울이며
아침엔 김밥을 말았다, 달걀지단과 깨소금에 비빈 밥뿐인 것을
하늘의 심기를 가늠하느라 선잠에서 깨어나던 그때
소풍날을 떠올리며
시냇물에 발을 적셔도 좋았던 연둣빛 나이테를
지난 여백에 새로운 파일로 재생해 놓았다

까치집엔 까치가 물어다 놓은 반짝이는 것들이 보인다

낡아가는 파일 속의 눈물 한 방울도
우주의 마당에 내걸린 햇빛을 만나면 영롱해진다

숨겨놓은 오래된 파일을 수거해 가라고
마구 헝클어진 퍼즐을 맞추며 서랍 속에 감춰둔
어둡고 해묵은 저들을 내보내려 앞서서 까치를 불렀다

가만 좀 있어 봐, 다 찾기도 전에 지나가
종종거리며 잡히지 않는 마음을 찾아 그린
그림 한 점을 공중에 내밀었다
창밖의 까치가 날아오르며 물고 온 한 소식을 일갈하자
추상은 구상인 듯 여백은 반가운 소식으로 바뀌어갔다

나에게

무제한급 시합이 있던 날이었어
호랑이가 링 위로 올라오며 말했다
비겁하게 무기 따윌 숨기지 마
정정당당하게 싸우자고
물론이지, 난 재빠르게 응수했다
팬티만 입고 싸울 터이니 너도 병풍으로 두른 배경 벗어던지고
풍문일랑 모두 잠재워 줘야겠어

부처님 모신 대웅전보다 높은 곳에 웅크린 산신각 속 늙은이가
네가 아니라고 해명해 봐
장지문 호롱불빛 아래 얻어먹을 게 있나 어슬렁거리다 곶감 한 마디에
울음 뚝 그친 아이 보고 겁에 질려 꽁무니를 빼는 게
네가 아니었다고 발뺌해 봐
죽어서 가죽을 남긴다며 풍채를 자랑하지만 자주 배고픔에 시달린다는
지질한 가난, 복주머니 끄르듯 내놓아 봐
평생 죽도록 일만 하는 칡소를 흉보고, 넘보며
주인이 주는 여물 먹고 되새김질하는 포만을 몰래 부러워했다는 사실도
난 알고 있었어
달의 계곡에서 너의 포효 소리에 숨을 놈들 다 숨고

외로움에 슬퍼진 바람만 떤다는 것도

옛날 옛날에, 네가 담배 피울 때
내 28대 조상님은 맞담배를 피웠다 하셨어

옷 말고도 벗을 게 많다고
옷 말고도 더께더께 입을 게 많다며
싸움꾼은 왜 웃통을 벗는지 몰라
발가벗은 내게 목마 탄 아이가 깔깔대며 먹던 바나나를 던지네

저 바다, 파도의 수를 다 헤아릴 수 있겠느냐
바닷물의 수를 헤아릴 수 없듯이 파도의 맥박 역시 셀 수 없습니다
우리 모두 흔들려야 살 수 있습니다

-「모두가 문득」 중에서

2부

파랑

칫솔 보살에게

차라리 막노동을 하라면 하겠다
하루 종일 설거지와 빨래를 시키면 군말 않고 하겠다
음침하고 축축한 수채나 다름없는 너의 입 속으로,
하루에 세 번이나 들어가라면
나는 꽁무니를 뺄 수밖에 없다
불구부정不垢不淨, 경전의 한 구절을 외워보지만
오늘도 날을 세워가며 전화로 남의 흉을 보고,
뉴스를 보면서 또 한 바가지 욕을 뱉던 그곳으로
돌아간다면 차라리 공중화장실 청소를 자청하겠다

그의 자비로운 수고로
네가 뱉은 오물은 이제 긴 여행을 시작할 것이다
창살 없는 감옥에도 갇히고
선한 존재를 꼬드겨 망가지게도 만들고
물의 여로를 따라 낮은 곳으로 낮은 곳으로
어느 연못에 안착하여 길고 긴 잠행의 걸음을 옮기며
함께 모인 동료들과 깊은 침잠에 들 때
고요 속에 쏘아 올린 한 송이 꽃

네 입 속이 향기로운 연향의 본향이라면
나도 이제 기꺼이 어디든 마다하지 않고
구석진 곳, 흉한 곳 가리지 않고
기쁘게 한생 놀다 갈 수 있겠다

수서역에서

서울의 끝물이라 들었다 돌아올 땐 안심이겠으나
남쪽으로 고개 돌린 쾌속마들의 정거장
남향의 기차는 한 구절 잃어버린 만가를 청해 직진하는
한 자루 붓, 아니 검이기도 하겠다
질주의 본능은 햇빛과 달빛의 파고를 넘나들어
서라, 서라, 게 섰거라
때론 고삐를 당겨야 하는
왜 우린 나무가 아니어야 하나
파발을 띄우지 않아도 꽃소식을 전하고
벌들의 문안을 받으며
좌정한 채 천리를 읽지 못하는지

붓끝은 마침표를 찍고 다시 쉼표를 찍고
나는 물음표와 느낌표를 오가며
분주하게 서기 위해 내달린다
가늘게 굵게 하루의 얼굴을 스케치하고
둥지에서 둥지로
낯섦과 익숙함 사이를
베고 또 베고 끊고 끊어가며

축지법 따윈 없다
고향인 듯 타향인 듯
이망증에 걸린 철새들만 잠시 쉬어가는
내 안의 간이역
허공에 찍힌 새들의 좌표가 차창에 비친다

수박의 낙하
- 돌을 힘껏 짜면 한 방울 이슬이 떨어진다

우주에서 은하의 사면斜面을 굴러온 돌

나비가 날개를 접듯 팔, 다리를 몸속에 말고
별꽃 향기를 맡으며
진동으로 수신되는 '지구와 여름'이 보내는 주파수를 찾아
'지구 여름'에 절대 기호를 붙이고
우주의 돌들은 자신들이 지나쳐 온 공간을 꾹꾹 눌러 담으며
긴 여행을 시작했다
유성의 달콤한 포물선이 성호와 함께 분주하게 날아다닐 때
우주의 무덤 속으로 소멸을 향해 스쳐 가는
늙은 별들의 무심한 눈빛 악수까지
둥근 표상 속에 감춘 것,

지평선 너머에서 휘슬을 부는 시계탑
시간의 묶음을 하나씩 풀며 사면을 굴러온
이제 더 둥글어져 푸른 지구 같은 돌,
깨져야 살고
먹혀야 살고
주어야 산다며

다시 긴 시간의 줄무늬를 그리며 둥근 표상으로
굴러갈 돌들이
몰려가고 몰려오는 우주의 한때

집으로 오는 길

집을 나설 때
그림자는 아무 소식이 없었다
연무를 쏟아붓는 캄캄한 밤의 적막에 놀라
뒤돌아보지 않았다,
부르지도, 앞도 돌아보지 않았다
주춤거리며 옆구리를 파고드는 온기만을 기억했다

안개는 떠 있는 강물이어서
집에서 집으로 돌아오려면
새로운 영법을 익혀야 했다
바람을 불러와야지
돛을 세운 댓잎 하나 불러와야지
길가에 세워진 스케이트보드를,
안개 속에서 빛을 향해 띄우는 편지마다
부딪치면 젖어 드는 저 작은 알갱이마다

불온하기 짝이 없었으나
안개를 건너기 위해
해와 바람을 불러와야 했다

그림자를 담은 안개의 무게는 자꾸만 부풀어 올라
해를 부르는 주문을 외우며 높이 신발을 벗어 들었다

댓잎 위에 올라 안개를 타고, 안개를 건너는

집에서 다시 집으로 건너갈 때 내 그림자
아직 태어나지도 않았다, 는 쓸데없는 고백을 하고
종종걸음으로 달려와
안개를 건너가는 스케이트보드로
내 무게를 가늠해 주었다
나는 키가 줄고 너는 몸무게가 늘었지
안개의 그림자들도 이제 모두 깨어나 어깨동무하며
해를 맞으며 기쁘게 서쪽으로 들었다

작은 일로 나갔다가 큰일을 만났도다[*]

---

[*] 금강경 야보송에서

선언문

실금 간 관음죽 화분에 테이프를 붙여 놓았다
무심한 계절이 몇 번인가 지나가고 그녀는
이렇게는 살 수 없다고, 참을 만큼 참았다고
어느 날, 소파에서 빈둥거리는 내게
쩌-억 소리 내며 자신의 전부를 던져 보였다
걸을 수도 없는 그녀가 衆生을 담은 자신의 집을 동댕이친 것이다
훔쳐본 그녀의 뱃속은 남루하기 짝이 없다,
기름진 뱃살은 먼 과거와 미래의 모습일 뿐이다
배를 갈라 창자와 실핏줄만 가득한 속을 내보이며
살아야겠다고, 살기 위해 크게 울어 보인 것이다

절명시는 이렇게 쓰는 거라고 가르쳐 주었다
죽을지언정 유언을 남기는 사치란 이런 거라고 말해 주었다

여름밤 개구리 우는 소리
여름 밤낮으로 매미 우는 소리
봄날 꽃들이 몸 흔드는 소리

개구리의 개-골 매미의 매-앰

개구리와 매미의 전생前生이 두 음절 사이에 놓여 있다

한 줄의 문장을 익히기 위해 태어나고 죽고
배우고 익혔으나
세상에 첫발을 디딜 때 울음소리보다 약하고
관음죽 화분이 깨지며 내는 소리보다
미미하게 숨죽이며 내는 소리,
늘 배부른 사치이자 의미 없는 문장이었다

고등어가 등장하는 시간

간이 싱거울 때면 할아버지의 고등어를 생각한다
장터 국밥집의 배 속 든든한 끼니도 외면하고
버스가 고개를 끄덕이며 풀어 놓은 신작로의 먼지도 달게 마시며
허기진 하오의 땡볕 속을 걸어오시던 할아버지
당신 손에 들려진
시장기와 소금기로 절여져 있는 고등어 한 손,
소금보다 짜고 바닷말보다 비린 시간들이
할아버지의 장날 속에 숨어 있다가
내 싱거운 하루 위에 뿌려지기도 한다
다보원에서 딴 살림 차린 증조부의 작은댁에선 고등어가 지천이라 했다
대가리만 모아 은택처럼 보내곤 하였지만
비린 맛에 더해진 쓴맛에 차마 드실 수 없던 고등어
그래도 장날이면 손녀들 위해
지푸라기 묻은 미끈하고 딱딱한 고등어를 툇마루에 내려 놓았다
할아버지의 고등어가 짜지 않다면 오히려 이상하다
비리지 않아도 이상한 것이다
밥숟갈 가득 고봉으로 올린 밥 위에 얹히던
풍문으로만 만나던 바다에서 장터까지
기쁨도 슬픔도 진이 빠져

소금으로 코팅된, 사리처럼 굳은 살점

소금보다 짠 할아버지의 고등어가 산길 모퉁이를 돌아 나올 때

당신이 걸어온 나날들이 길 위에서 소금꽃을 피운다

이젠 눈물보다 싱거워져 짜지 않은 자반고등어

어디에다 간을 맞출까 멀리 하늘만 바라본다

장미공원의 소식

어린 장미들이 어디선가 이장되어 왔을 터인데
묘판의 무덤들 궁금하다
사라져간 주인을 추억하며 빈 둥지끼리
바람으로 어깨동무하며 서늘한 체온 나누고 있나

장미 공원에 저렇게 많은 귀들이 모여 있었다니
오른쪽, 왼쪽으로 귀들이 겹겹이 차곡차곡 들어앉아서
세상의 모든 소리 듣고 있나
지나간 기도까지 듣고 있나

듣는 귀만을 열어둔 장미공원
그 앞에서 나는 할 말이 많았지만
장미처럼 귀만 열어 두었다
향원의 기도서를 낭독하는 수천수만의 채널은
서로의 고막까지 뒷소리가 앞소리를 때리며 밀고 들어와
포화 상태가 이어지자
난청의 장미들이 감당 못 할 소리를 중얼중얼 풀어내 놓는다

공원 입구에서 이젠 듣지 못하는 장미 한 다발을 산다

장미 앞에 장미꽃을 꽂아둔다,

내 귀도 함께 내려놓고 온다

오심천의 전설

 하늘에서 별똥별 쏟아지던 날, 할머니 무릎 위에서 잠이 들었네 오심천 건너 삼밭에 숨어 산다는 도깨비들 놀이, 길 가는 나그네 흙 퍼부어 홀리는 짓궂은 개호지 버릇, 그런저런 이야기들 꿈결에 자분자분 걸어와 시렁에 옷 걸리듯 듣게 되었네

 보름달은 구름 외투 자락에 숨어들고 먼 산 건너온 바람, 우물물 숨소리가 심상찮은 여름밤 산골 마을 노매실에 새로운 전설이 생겨나곤 하지 어느 핸가, 겁 없는 동네 청년 두엇 귀신 이야기 안주 삼아 막걸리 한 말 호기롭게 나눠 마시고 오심천변 도깨비 전쟁을 목격하였다지 어설픈 구경꾼들 놀라 그만 혼절하고 말았다네 휘리릭 휘리릭 수십, 수백 도깨비들이 던지는 불꽃 무더기 오심천 가운데서 낮게 깔리고 검푸른 물 위를 미끄러지듯 걸어 다녔다지 도깨비들 물 위를 걸어 다니며 싸운다는 거야, 싸움 끝에 밀고 당기다가 하늘을 겨누며 훌쩍 산 위로 날아가기도 했다지

 보에 숨은 숭어 철버덕 자진해서 제방 위로 올라와 앉던 날이었어 한바탕 설거지하듯 소나비 쏟은 아침이면 오심천에 황톳빛 선혈이 콸콸 쏟아지곤 했어 밤새 오심천을

사이에 두고 나무들 간 전쟁이 있었던 게야 오심천은 누렇게 뜬 얼굴로 군가를 부르며 잡은 포로들 놓치지 않고 서로 등 떠밀어 수선스레 흘러갔어 도깨비는 용병일 뿐, 병서 읽은 산 중턱의 정자관 쓴 늙은 소나무가 책사이지 미루나무 가로수를 척후병 삼아 지휘한 게 틀림없지 팔 꺾인 미루나무 여럿, 허리께 다친 수양버들 수도 없는 걸 보면 뻔한 게야 때론 융단 폭격으로 때론 인해전술로 요란한 싸움 끝에 물길까지 바뀌었네

  어제 없던 돌무더기 수북이 쌓였네 날이 밝아 미처 데려가지 못한 도깨비들 무덤, 부지런히 몸을 말려 숨기에 바쁜 게지 부상당한 척후병만 빼고 시침 떼고 서 있는 숲속 병정들 여전히 팔랑팔랑 병서의 책장 넘겨가며 세를 키운다지 이어가고 버려가며 오심천이 쓰는 한여름 밤 이야기들, 올해는 개호지가 용병으로 나올지도 몰라

여름 감기를 앓다

남프랑스, 스페인을 돌고 와 삐걱거리던 시차가 제자리를 잡자마자
제주도로 날아가 빗속을 며칠 헤매었더니
몸이 내게 돌팔매를 던지며 항의를 한다
학대한 시간만큼
감옥에서 나오지 말라고 쉰 목소리로 기침까지 해대며
열을 내며 무섭게 경고하였다
세상과의 인연을 끊고 칩거에 들어간 선승처럼
스스로를 가두자 욕망의 껍데기가 우는 것을 보았다
여리고 부서지기 쉬운 날개를 가진 새 한 마리
욕심 많은 멧돼지 같은 짐승이 함께 동거 중인 것도 보았다
내게 기생 중인 망상과 불평들이
그림자까지 지우는 걸 말리지 못했다
밖은 덥고 안은 춥다
낮은 코는 제 역할을 못 해 쩔쩔매는데
비 온 뒤 부풀어 오른 창밖의 숲은 조향사의 후각에 기대어
몸의 독과 열을 가져가려 하지만
아픈 것과의 이별도 싫은 걸까,
손바닥은 여전히 뜨겁다

끝없는 전진과 후진의 되풀이가 각인한 긴 자국
아무것도 아닌 무늬를 아무렇지 않게 그려가는 중이다

장마에 해야 하는 일

어디에 다 숨었는지 새들의 화음이 잦아들고
낯빛 검은 바위와
물보라에 신들린 듯 몸을 떠는 나무와 풀들
한낮의 표정은 그만 어둡고 엄숙해졌다
손바닥만 한 하늘의 텃밭이 변신하는 것을 보았다
우러러 대면하는 모처럼의 기회에 반색하는 축포
우회하지 않고, 그러니까 빙빙 돌려 말하지 않는
번쩍이는 심벌즈의 연주를 업고 후두둑 쐬 콸콸
낙하하는 무게에 연대기 한 토막씩 무더기로 이어 보낸다
사람 기척이라고는 없는 두메산골에서
하늘과 땅 사이의 교합은 절정으로 치달아
고조되는 심장박동을 식어가는 지면에 접지시키고
입은 듯 안 입은 듯 얇은 옷 한 벌 걸치고
장하게 내리꽂는 죽비와 회초리의 경계를 온몸으로 영접하는데
꽁꽁 숨겨뒀던 해묵은 생각들과
작은 사금파리 같은 허영도
세포마다 들어있던 온갖 티끌이
무수한 못매들에 털리는 짜릿한 전율
알 수 없는 대상을 향한 완전한 승복

누가 내 죄를 사하심이리요
우러르며 걷고 또 걸어 마침내
오두막 보금자리로 돌아와 마른 옷 갈아입고
타닥타닥 불꽃 일렁이는 장작불 앞에서 혼곤히
빗소리 들으며 오수에 들고 싶은 날,

아파트 창 너머 장대비 쏟아지는 아득한 풍경 속에
우산 없이 맨발로 천변을 걷는
뿌리 없는 나무 하나 세워 두었다

파랑

 파랑은 집성촌에 모여 산다. 목격자가 없는 역사, 돌려보기의 시차에서 신화는 만들어진다. 고민도 규칙도 없다. 하늘이 점점 낮아져 바다로 내려오고 바다가 점점 부풀어 올라 무수히 많은 파랑의 산란이 시작되었다. 하늘과 바다는 서로 다른 파랑의 족보를 내보이고 어린 파랑들은 흰 모자를 쓰고 외바퀴 자전거 뒤에 풍선을 매달았다. 클클클 기침 소리에 이스트를 먹은 풍선은 달의 위성으로 부풀어 올랐다. 푸른 손이 풍선의 지퍼를 열며 광속의 자전거에 박차를 가하고. 무정형의, 무작위의 코발트블루가 꼬리를 매달고 따라갔다. 스며들거나 흘러가거나. 더 명랑해진 파랑, 액정 태블릿으로 쉴 새 없이 그림을 날리고 남극과 북극의 빙하에도 스뽀이트로 자신의 피를 저장했다. 캄캄한 밤, 바람이 뒤척이는 기척에 놀라 머리칼을 흔들며 빛나는 파랑도 있다. 두 개의 집성촌은 여전히 견고하고 베껴 쓰는 파랑의 이민이 늘어난다. 모든 지상의 언어는 파랑의 파생어, 푸른장미푸른숲푸른초원푸른계절. 색맹의 파랑은 꿈속까지 들어와 푸른 용을 그린다.

관측사 통신

쇠꽃을 들고 세속의 잣대로 3.3미터 큰 귀로 나는 들었다. 나리꽃 상좌가 달빛을 공양할 때, 솔숲의 늙은 소나무가 제 등걸을 긁을 때, 바람결 속에서 듣고 있었다. 친정 온 허리 굽은 논산댁이 합장하고 내 발을 만지던 날 반야산 바위들이 차례로 빗속에서 점호를 받았다. 바람의 결, 그 속으로 천 년의 시간과 공간이 실려 오고… 천 년의 세월, 가고 오는 존재들의 한숨과 눈물이 용화수를 이루며 흘러가는 소리, 듣고 있다. 그때도 지금도 나는 한 발자국 옮긴 적 없다. 발아래 풀꽃의 종종거림, 하늘의 현을 긋는 별똥별의 유언에서 나는 들었다. 같은 듯 다르고, 다른 듯 같은 당신 보고 듣고 있다.

모두가 문득

봄을 닮은 카페에서
서귀포 바다에 떠 있는 섶섬과 문섬을 바라본다
시소의 양 끝에서 수평을 맞추며 함께 정박한
일출과 일몰의 순간이 걸어 나온다
한때 작은 물고기였다가 고래의 굽은 등이었다가
생사를 가르는 파도이기도 하였다는
대해를 유영하던 범선이었던 기억까지

모두 문득, 흔들림이었다
후박나무 무성한 섬이 새가 되어 창공을 높이 나는
파도의 꿈

마주 보며 파도를 불러 진언을 외우는 커다란 입술
흑비둘기 날아오르며 허공에 받아 적은 문장을 읽는다
저 바다, 파도의 수를 다 헤아릴 수 있겠느냐
바닷물의 수를 헤아릴 수 없듯이 파도의 맥박 역시 셀 수 없습니다
우리 모두 흔들려야 살 수 있습니다

제가 더 높이 올라가면 무엇이 되겠습니까

무인도의 좌표에서 후박나무숲이 휘파람을 불며 다가서자
모두의 심연으로 직진하는 흔들림-문득*
세상의 먼지들이 꿈을 잃고 부유할 때
포효하는 태풍의 갈기를 어루만지며
작은 파도와 연이어 손 잡아주며
새를 닮은 꽃의 이름을 내놓으라 한다

그믐이면 칠흑 속에서 큰 새가 깃을 치는 소리가 들려온다고

섶섬과 문섬, 오늘도 두 섬은 나란히
시침 떼며 먼 대양 쪽으로 시선을 둔다
악보를 넘기며 찰나의 리듬을 연주하는
저, 흔들리지 않는 팽팽한 시간의 무더기를 본다

---
* 제주 봄 미술관 김호득 화가의 작품

아득한 높이의 거리에서 멈칫거리던 순간을 밀어내고
한 걸음 한 걸음에 바쳐진 위대한 인내심을 몸속에서 끄집어내곤 하였다
수억 만겁의 시간이여,
나는 이제 그 위를 한 발 한 발 걸어서 갈 터이다

-「어느 음치의 노래」 중에서

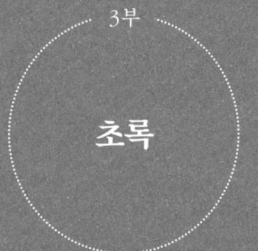

3부

초록

꽃을 위한 수인 手印

 기쁨은 떨어지는 순간들의 모임이다 멀고 가까운, 높고 낮은, 닿을 수 없는 거리에서도 떨어지는 기쁨이 있다 허공의 바닥은 있거나 없거나 꽃은 핀다고 한다

 우주의 어느 뒷골목에서 날린 종이비행기를 손바닥에 받아본다 손바닥 높이만큼 빼앗은 기쁨의 총량, 팔을 뻗어 다시 하늘 높이 날려 보낸다 모자란 셈이 더해진다

 당신에게 멈춤이란 청룡열차의 아찔한 낙하를 예비하는 것이냐며 찻잔에 바람을 따르며 묻는 어리석음도 있다

 떨어짐은 독립선언서를 낭독하는 일, 매달린 자의 굴욕에 마침표를 찍는 신성한 기도와도 같은 것, 부푼 사랑에 종지부를 찍고 석양을 향해 걸어가는 뒷모습을 당당하게 보여주는 것,

 태양 위를 날던 이카로스의 후예를 허공에 길을 낸 존재라고 말하지 않겠다, 영원을 약속한다는 거짓말도 않겠다 떨어지는 기쁨의 면면들을 불러 모아 함께 환희의 땅에 들겠다

올라갈 땐 보이지 않던 나의 세계가 떨어질 땐 원만한 무지개의 각도로 포물선을 그리거나 가속의 열꽃을 감당할 빗줄기와 짝을 지어 내달아

순간이 흩어져간다 기쁨도 흘러간다

오른손이 왼손의 검지를 감싸 안은
적정의 고요를 품은 꽃의 수인 속으로

밤의 정령을 위한 충고

밤이면 빛과 어둠의 정령이 내 머리맡에 머문다
누굴까
휴가를 떠난다는 발신자 표시 없는 문자가 왔다

불안하다
앞이 보이지 않는 캄캄한 절벽으로 마구 밀지 마라
너무 겁주지 마라
목어처럼 내가 눈을 뜨면 어쩌겠느냐
한낮에도 가끔 낮잠으로 건너가
베어 문 한밤의 조각달을 비수처럼 내밀면
그대 상처도 깊어질 것이다
또 내가 숙면에 들면
진검승부로 덤비는 네가 우습지 않겠느냐
네게 고개를 숙인다고
벗은 알몸과 티눈 박인 발을 내보인다고
눈꺼풀에 내려앉는 찰나의 깜박임을
막을 순 없다, 우- 우
꽃들이 수문을 열면 네 꿈도 빛바래
허공에 메아리로 흩어질 터이다

도깨비들이 춤추는 마당극에
가면을 쥐여 주며 내몰지 마라
꿈의 제곱이 무엇인지도 제발 묻지 마라

뜨개질하는 풍경

공중에 실을 걸지 못한다

그래도 공중으로 실을 던져 올린다
거미가 긴 기억의 회로를 늘어뜨리듯이
그 무위의 동작 속,
내려앉는 구름 한 모퉁이에 실을 걸거나
빗줄기를 감아 바늘 코를 이을지도 모른다

일하다가 인터넷 쇼핑을 한다
도서관에서 절판된 소설책을 찾는다
친구가 허기진 수다를 들고 왔다
공원에서 산책하며 나무와 논다

기억을 어디까지 몰고 가야 할지
가늠하는 일은 어렵지 않다

겨울의 26도와 여름의 26도는 어떻게 다른가
무명실이거나 알록달록 색실이거나
아무것도 아닌,

매듭으로 가득한 우리의 동선,
허공에 높이 던져 올린다

기적처럼 날실과 씨실을 새어 나간 뒤
한 뼘의 피륙 위로 무지개가 뜬다

시험문제를 풀다

학교에서만 시험을 보는 게 아니었다
거리에서, 밥집에서, 시장에서, 광고 속에서도 문제를 푼다
서로 관계있는 것끼리 이으시오
거리에선 자동차, 도로, 카센터, 표지판, 신호등, 호루라기를 불며 수신호를 보내는 경찰관이 복잡하게 선으로 이어지고
마트에선 배추와 무, 고추와 마늘, 젓갈이 또 연이어 선을 그어야 할 답으로 보인다 멀리 중국에서 온 양파는 다시 배를 타고 가 선을 이어야 할 사람들을 만날 것이다 다시 그것들 앞에서 뒤섞이는 사람들, 길을 걷고 있는 나에게도 힘차게 관계 맺는 선들이 달려온다
답이 너무 많아 잘못된 문제들,

잘못된 문제를 북북 지우고 다시 썼다

        관계없는 것을 이으시오
        그럼
        더 어려운 시험이 될 것이다

가을 산책

눈이 발보다 빠르다
한낮의 가을,
주춤주춤 거리를 좁혀 가면 빛의 절벽이 보인다

떨리는 빛의 진동 너머에서 오래된 잠과 잠 속에서도 쉬지 못하던 호흡과 떨어지던 비의 지문과 무색의 태양이 깊은 소沼에 메아리가 머물듯 둥글게 지난 계절을 복기하며 다시 한판의 생을 모의 중이다

마우스가 복기한 판들을 지워나가면 색이 입혀진다, 졸음이 쏟아진다
추억은 늘 기억의 선택이었다
푸른 권태도 지우개 아래에서 내일의 행보를 물었다고 한다
스스로 지우개의 먼지를 털어가는 나무들
돌아오겠니?
절벽 앞에서 질문을 던지자
바스락 발치까지 쌓이는 나비의 잠이 먼 전생을 마중하러 나왔다
눈이 발보다 앞서는 계절에

탄수화물의 행보

갓 지은 밥은 밥만 먹어도 맛있다
생각이 많아지면 맛없는 그 맛을 찾아
내려앉은 고요가 가만히 나를 응시하는 밤이면
부엌으로 허기를 찾아가는 술래가 된다

허기를 메우고, 허기를 더하는
농사꾼의 유전질은 질보다 양으로 승부를 건다

날이 선 채로, 구석진 곳에서 수동태로 숨 쉬던 나를
안아 주고, 위로하고 손잡아 주던 그들
오뚝이의 무게중심처럼 포만감은
공중으로 떠다니던 나를 지상에 발붙이게 하였다
따뜻하고 투덕투덕한 그들과 함께
기적을 울리는 완행열차를 타고 사춘기를 건너왔다

차마 그들을 버릴 수 없다
오랜 친구를 적으로 만들 수는 없는 것
미워하거나 고개 돌리지 마라
내 속에 들어온 그들의 텃세가 지나치더라도

까마득한 원시의 들판을 건너
전쟁의 참화와 흉년의 기근에서는
살리고 죽이는 신이었으니,

배부른 자의 투정은 더 이상 받지 말아다오
배에 돛을 올리고
허기진 항구마다 찾아다닐 그들의 행보를 떠올리며
낡은 벽에 사진 한 장 걸어둔다

아보카도 그린

 낮은 길었다 적어도 추위에 떨진 않았다 보잘것없는, 늘어진 시간 속 얼굴이었다 궁색한 집안의 한 줌 햇볕에 매달린 빨래들처럼 곳곳에서 대지는 옷을 갈아입고 공들여 화장을 하였지만, 새 애인에게 정신 팔린 남자들은 갚지 못할 부채를 감수하면서도 여전히 홀대 중이었다 성큼성큼 지나쳤던 풍경에 눈을 돌리자 수많은 빛과 그림자가 쏟아져 나왔다 낮의 그림자가 이어지자 새로운 길이 만들어졌다 성장과 멈춤 사이를 오가고, 팽창과 수축 사이를, 도약과 공허의 경계에서 수신호를 따라 발을 내딛었다 녹색 망토를 입고 고깔모자를 쓴 아이가 나이를 먹지 않는 마법의 성으로 되돌아갔다

티벳여우와 우는토끼

내가 울 때 너도 우는 걸 보았어
그건 거울 속의 나
왼쪽의 얼굴이 오른쪽이듯이
바람을 가르는 질주가 당도하는 곳
순간의 떨림은 늘 정적으로
신을 경배하는 기도의 순간이지

배고픈 티벳여우가 울면 우는토끼는 안절부절못하지
초원의 풀들도 알아서 함께 흐느끼지
티벳여우의 몸속에서 자라 티벳여우가 되는 꿈을 꾸지
늘 약한 쪽은 여우, 늘 잡혀주는 토끼가 강해
손등이 손바닥을 볼 수 없듯이
그들의 슬픈 동맹을 우리가 이해할 수 있나

매미가 울면 나무도 울지,
하늘도 울 때가 많아

분리수거의 날

산더미처럼 모인 재활용 쓰레기들 모두 자신의 자리가 있다
신문지, 끼적인 시 한 줄과 오늘의 잠언을 베낀 글이 적힌 이면지, 이름과 주소를 낱낱이 밝힌 우편물을
폐지 더미 속으로 던진다, 미련 없이 홀가분하게
페트병, 플라스틱, 스티로폼, 유리병도 제자리를 찾자
어디에도 속하지 않는 경계가 애매한 것들만 남았다
이쪽도 아니고 저쪽도 아닌
버릴 수 없는 생각처럼 나눌 수 없게 붙어있는 것들
나는 그것들을 다시 집으로 가지고 와
종량제 봉투 속에 밀봉하여 흔적을 감춘다
숲속 나무가 놓친 마른 꽃잎과 나뭇잎, 버림받은 몇 올의 머리카락, 발꿈치에서 시간을 놓친 각질들, 책의 갈피마다 떨어져 내린 무의미한 분진들과 함께

이렇기도 하고 저렇기도 한
뒤섞인 꿈과 현실을,
튀어나오려는 질문과 대답을 함께 욱여넣고 단단히 묶는다

자를 것은 자르고 버릴 것은 버렸다며

먹고 마시는 하루하루를 보내면서
머릿속에 보고서를 한 바닥씩이나 쓴다
종량제 봉투에 폐기해 버린 내 안의 답안지조차
쌓여 가는 쓰레기의 산에서 매일
활동과 정지의 모스부호를 보낸다
떠나간 그들은 언젠가
시간의 미분과 미분 속에서
슬프게도 다시 내게로 돌아올 것임을 알고 있다

왜 지구는 끝없이 돌고 도는지, 낮과 밤은 그렇게 되풀이되는지
분리수거한 것들과 분리수거에 탈락한 것들 모두
왜 지구를 벗어나지 못하는지
내가 쏜 화살 하나가 저 달까지 다녀오는지
나누어도, 나누어도 나누어지지 않는
버려도, 버려도 버려지지 않는
작은 주머니 속의 하루

안부

수억 겁 미로의 숲을 건너
둘 데 없는 눈길 거두는 오늘 이곳
연극무대,
네가 뱉은 숨결을 거두어 마시고
네가 남긴 온기로 몸을 데운다
눈맞춤을 받으며 너는
스크린 도어 밖으로 나가거나 들어온다
왕십리역에서 나를 내려주고
잠시 쉼표를 찍고 어둠을 향해 질주하는 막간,
무심히 일별하는 눈동자들의 배웅도
첩첩이 쌓인다
한 번, 한 번 더 옷깃 닿는다면
다음 생에 우리는 손을 맞잡을지 모른다
연밥이거나 볍씨거나 작은 씨앗으로 나란했던
먼 기억을 떠올리며
급정거의 충격을 핑계로 잠시 어깨를 빌릴지도
다들 어디에서 내릴까,
모두 무슨 볼일이 있는 걸까

갑자기 일어서서

경례를 하고 관등성명을 대는 군인처럼

내 소개를 하고 싶다

내가 만나러 가는 사람이 누군지

그들이 가는 꿈속 또 다른 무대에서

나의 안부도 제대로 묻고 싶다

어느 음치의 노래

내가 죽을 때까지
앞으로 10년, 20년을 더 산다면
북극이나 남극까지 걸어서 갈 수 있을지도 모른다
또 마음을 독하게 먹는다면
몸무게를 10킬로그램 정도 뺄 수도 있겠다
몇 년간 죽어라 연습하면 피아노곡 엘리제를 위하여를
더듬더듬 연주할 수 있을 거라고 생각한다
그렇지만 몇 번을 죽었다 깨어나도
조수미의 오페라 아리아를 흉내 낼 수 없다는 걸 안다
안 되는 것은 안 되는 것이다

한 곡의 노래도 부를 때마다 음정과 박자가 달라지는
희귀한 내 노래를 들으며
산 아래에서 정상을 바라보며 나의 보폭을 가늠하곤 했던
상고대로 빛나던 덕유산을 떠올린다
아득한 높이의 거리에서 멈칫거리던 순간을 밀어내고
 한 걸음 한 걸음에 바쳐진 위대한 인내심을 몸속에서 끄집어내
곤 하였다

수억 만겁의 시간이여,
나는 이제 그 위를 한 발 한 발 걸어서 갈 터이다
막 사이마다 들리는 종소리 따라 암전되는 무대 위에서
부싯돌을 켜며, 두리번거리며 어디에 무엇이 있는지
찾기 바쁠 뿐이지만
한 마리의 개미가
먼 우주로의 항해를 시작하며 부르는 음치의 노래를 듣는다
안 되는 것은 되기 위하여 안 되는 것이다

마을버스 속 이야기

우리 동네 마을버스는
낮에도 돌고 밤에도 돈다
멈추지 않고 운행하는 순환선
대체 차량이 없어 차고에 들어갈 일도 없다
주유는 마을버스 간의 인력으로 한다
힘들다, 무겁다, 쉬고 싶다
그런 말은 승객들의 몫이다
가끔 금연을 어긴 승객들에게 화를 내기는 한다
에어컨을 켜지 않아 더울 때, 히터를 틀지 않아 추울 때
갑자기 창문을 열어 큰 바람을 불러들이거나
그런저런 소심한 벌은 원격 운전하는 기사의 맘이다

승객들은 어디에서 어떻게 내리고 타나
기사는 승객들이 원치 않은 장소에서 하차를 명하기도 한다
지키는 사람도 검색대도 없는데
타고 내릴 때 짐은 무엇이든 가져올 수도 가져갈 수도 없다
마을버스에서 생긴 기억까지도 모두 지워지고 만다
버스 안의 일이 너무 바빠선지
그 사실을 대부분 까맣게 잊고 산다

아무 이유 없이 누군가는 밉고 누군가는 사랑스럽다
점점 혼잡해지는 마 야기를 역사라 말하는 그곳에서
내가 앉은 좌석 번호가 이제야 궁금하다

손편지

9월 초닷새
서른아홉 늘 푸른 어머니와 현고학생부군 아흔 되신 아버지도
지방 한 장에 나란히 모셔두고
조촐한 상 차려 절하고 유세차 축문 대신
말로 고할 것은 고하고 제대로 인사드리려 했는데
"엄마, 숙이야…"
단 두 마디, 본론을 끄집어내지도 못하고 목이 메어버렸네
어리광도 못 부리고
안부도 못 여쭈었다고
그만 칭얼대도 좋았을 나이인데도
내 결핍이 내 결핍의 뇌관을 건드린 저녁
훅 향불 연기에 어머니 손길 스쳐 가네
내 설움이 내 설움에게
내 그리움이 내 그리움에게 쓴 편지들과
어머니보다 먼저 읽어버린 낡은 일기장을
보듬어 받아 드신 어머니
내 안의 어머니가 가만히 안아 주시네

자취를 감추는

고도는 기다려도 오지 않는다
한 뼘, 두 뼘 재어나간 바다의 절벽 너머는 허공
자리를 깔고
나는 아직도 궁리에 궁리를 더하는 중이다

-「기다려도 오지 않는다」 중에서

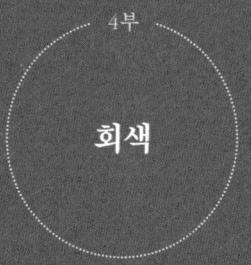

4부

회색

미로 찾기

실험실의 쥐가 미로 찾기를 하고 있다
상자 속 미로의 처음과 끝은 언제나 쉬웠다
쥐의 머릿속은 미로의 지름길보다
배고픈 기억으로 가득하지만
공포는 망각 속에 숨어 다행이라지만
버저 소리에 맞추어
얼마나 많은 생을 거쳐 출발선으로 되돌아왔는지
반복은 반복일 뿐 점차 식상해진다
지루해지는 레이스
마침내 쥐는 미로 밖의 미로를 향해 나아갔다

구경꾼들도 함께 뛰기 시작하였다
벽에 막히면 깔깔대며 돌아 나와
우르르 길을 찾아 기웃거렸다
갔던 길을 되돌아 나오며 미로는 점점 복잡해지고
송글거리는 땀을 매달고 그들의 얼굴은 더 붉어져 갔다
몰려가며 부딪치면서도 서로를 기억하지 못했지만
한순간
서로 닮은꼴에 소스라쳐 놀라 길을 잃고 허둥대거나

엉뚱하게 이마에 도원결의의 표지를 새길지도 모른다

유성우와 벼락이 난무하는 게임 속 미로,
마침내 빛의 블랙홀이 기다리는 출구에 가까워졌다
미로의 끝은 또 다른 출구여서 그 사이의 일은
누구도 정확하게 기록할 수 없었다
한 마리 쥐가 출구 앞 먹이를 앞에 두고도
용감하게 되돌아가기 시작했다
시간을 거슬러 한 길 높이 미로의 벽들을 부수며 갔다
미로의 벽과 공간은 부순 만큼 다시 채워지고
아직도 쥐의 머릿속에는 빈방이 많다
미로 속을 거꾸로 달리며
행인 1 또는 2, 단역의 배역을 맡은 기억으로
어느 모퉁이에 멈추어 서서

미로의 끝점과 시작 사이 어딘가에서 피어오르는
밥 짓는 연기를 무연히 바라보았다

웃음소리

 가야 할 길은 외길, 선택의 여지가 없다는 사실은 얼마나 다행인가 굽은 길이 중력의 다림질에 펴지고, 막다른 골목에서 뒤돌아서며 웃어본다 웃음소리에 모든 소리가, 꽃이 피는 순간의 미성微聲도 잠재워 버린다
 흐르지 않는 폭포 앞에 선다 밧줄로 몸을 감은 번지 점프 따위는 없다 사람들은 폭포 앞에 서서 검은 바위 속에 유언을 새긴다 숨은 그림 찾듯이 나를 보아다오 마주 보며 웃자, 나무들이 웃는다 산맥을 달려온 바람의 웃음소리가 내려꽂히고, 당신과 나의 뒷모습은 무화된다 마중 나온 풀꽃의 향기는 웃음소리에 실려 골짜기를 메우고, 운무로 일어서는 마지막 한 방울 웃음까지 몽땅, 검이 되어 비단 폭을 벤다 휜 선혈이 그림자 없는 획으로 수렴된다
 지루한 강과 바다를 견뎌야 하는 마지막 퍼포먼스, 사막을 만나는 지름길일 것이다 새벽이면 깨어나는 웃음소리가 우뚝한 바위산의 부피와 질량으로 떨어져 내린다 내장을 들어낸 물고기 같은 빈 배, 웃음소리 한 줄로 만선滿船을 이룬다

기다려도 오지 않는다

나는 누구를, 무엇을 기다리나
일출과 일몰이 함께하는 바닷가에서
출렁이는 바닷물의 육성을 들으며
먼 수평선을 바라보는 일
수축과 이완의 반복을 견디는 일
물비늘도 잠시 휴가를 보내는 일
화룡점정畵龍點睛의 긴장도 멀리
여의주를 물려 날려 보내는 일

해인海印과 월인月印의 장엄을 이루나

자취를 감추는

고도는 기다려도 오지 않는다
한 뼘, 두 뼘 재어나간 바다의 절벽 너머는 허공
자리를 깔고
나는 아직도 궁리에 궁리를 더하는 중이다

삼자대면 三者對面

네가 있어 든든했다
마음껏 세상을 재단해 보았다
자르고 다지고 썰면서
두어 뼘 해방구이자 피난처
누가 내게 이런 굿판 내어주겠는가
누가 내게 이런 무대 통째로 내어주겠는가
칼 휘두르는 무시무시한 질문도
명쾌한 대답으로 받아주며
몸이 파이도록 헌신한 너에게
한나절, 봄 햇살을 선물로 안긴다

내 몸에 새겨진 수많은 잔금과 상처
되풀이되는 처단, 살생의 역사이며 증거이다
저 단절의 횡포를 감당해 온 시간
묵묵히 저항이 없었다고 말하지 말라
속삭이듯 토닥토닥, 벽력같은 선승의 할!
여러 화법으로
아픔과 힘듦을 강약의 박자로 들려주었다
내 위에서 재생하는 생명의 숨소리를

나보다 가까이 들은 자는 없을 것이다
하늘의 별, 땅의 눈물보다 많은
그들의 이야기와 유언을 전하려
얼룩진 자리에서 소리쳐 편지를 쓰고
아득해진 신화의 거리를 안으로 닫는다

당신의 도마 소리
때론 자장가로 때론 자명종 소리로
꿈속 층위를 오르내린다
정화수 떠 놓은 기도의 염원
목탁을 두드리듯 예경하며 살아온 나날들
데메테르 여신처럼 꾸려온 알뜰한 살림 속에
칼을 잡고 깨우친 언어도단이 도마 소리에 실려 있다
날마다 연주하는 한 페이지의 악보
오늘도 당신의 기도 소리 내역을
새벽 머리맡 길잡이 별로 불러온다

겨울, 공산산성에서

겨울에 눈이 내리는 까닭은
지나온 길목, 낱낱의 기억들을
죄다 덮어버리기 위해서다
눈이 오고 또 눈이 퍼붓는
설상가설을 되풀이하는 것도
켜켜이 누운
메마른 기억의 불씨가 다시 살아날까 걱정되어서이다
대전에서 공주까지
몇 마력의 힘을 가진 자동차를 몰고
적과 아군으로 나뉜 우리 내외가
눈밭에서 설전舌戰을 벌이다가
손만두 집 마루에서 늦은 점심을 먹고
식곤증에 서로에게 백기를 들고
진창 발로 돌아오면 또 그뿐이지만,
공산산성 숲 아래 여남은 그루 감나무에
일몰의 햇살 모으고 달빛으로 물든 감들이
어쩌지 못한 제 기억들을
고스란히 매달고 말라가고 있었다
잡은 손 놓을 수 없는 안타까움이

천 년의 시간으로 거슬러 올라
말 울음소리 북소리 화살의 비음으로 가득한,
숨죽인 통곡으로 질펀했던 산성에서
소나무 느티나무 참나무가 대를 이어
몸으로 그려 새긴 사초史草를
저 주홍빛 감들의 언어로 풀어내 보인 것이다
떨어지면 잊힐까
겨울 눈 붙잡고 새겨 놓은 것이다

불황

우리 동네 도넛 가게
베물면 달콤 고소한 도넛에 커피값도 싸서 좋았는데
빈 점포 된 지 달포나 지나
가게 앞을 지나칠 때마다
도넛에서 떨어진 설탕의 단맛이 문득 혀 밑에서
녹곤 했는데
데커레이션 고운 색색의 도넛 얼굴이 잊힐 즈음
폐업 정리, 붉은 글씨를 간판 삼은 속옷 가게가 들어와
달콤하진 않아도 북적대는 기운이 반가웠는데
마지막 폐업 정리라는 익숙한 거짓말도 나름 괜찮았는데
오가며 기웃기웃 5천 원짜리 잠옷 바지며 양말 사는
재미도 있었는데
바람 부는 어느 날
진짜 진짜 폐업이라고 써 붙여 엄살인가 했는데
딱 사흘 후 먼지만 남기고 떠나갔다
가을부터 겨울 내내 몇 달째 빈자리
봄이 오는데도 어깨가 시리다

회색지대

 비의 외연이 모여 사는 곳, 온갖 종족이 모여 사는 합중국, 늘 알고 있던 것들이 갑자기, 아니 원래부터 모르는 미지의 세계로 바뀌어 버린다면 그 속으로 걸어가는 안쓰러운 내 뒷모습을 재생시켜 볼 수 있을까 어중간해라 그 한마디에 발끈 세를 키우려 '안전지대'란 이미지를 업고 무차별 광고를 퍼부었다지 사이도 경계도 아닌 말하자면 순정 부품 같은 거라고, 밀도를 따지는 바이어들에게는 자신의 혀를 깨물어 보이고, 그러면서 난민을 마구 받아들이는 평화의 구간임을 자랑하지, 날것이라며 원색의 생경함을 경멸하면서도 기꺼이 곁을 내주는 이중성 내지 포용력, 발언권을 얻어 가치중립이라 쓴 피켓을 높이 들어 보지만 자꾸만 한쪽으로 무게 중심이 기우네 색동의 단청에 익숙한 아이가 안개 속에 들어와 무릎 사이에 머리 묻고 숨자 술래는 종일 숲의 언저리만 헤매다가 남쪽 집으로 돌아가고, 아이가 흘린 발자국만 남아있네 신의 집사가 허공에 빗자루를 들어 이쪽과 저쪽의 말들을 지우고 있네

울타리 안의 일

지구에 걸터앉아 빵을 뜯어 먹으면서
우리는 서로를 손가락질하고 있다
아는 척하거나 모르는 척해서다

한가함과 무료함의 합집합이 부풀어 오르던 날 자주 빵을 구웠다
새 빵칼이 필요해 백화점에 갔다
독일제 칼이 195,000원, 너무 비싸 그냥 돌아 나왔다
집에 와 인터넷 쇼핑몰에서 주문했더니
전쟁터에 나가도 될 長刀의 빵칼이 다음날 배송되었다 20,000원 정도였다
다음 날 없는 것 빼고 다 있다는 동네 다이소에 가봤더니
그럴싸해 보이는 빵칼이 2,000원이었다
써는 데 지장이 없어도 숫자로 매겨지는 빵칼의 등급처럼
사는데 별문제 없어도 새삼스럽게
사람도 여러 급수로 나뉘는구나 싶었다
그 작은 울타리 안에서 끼리끼리, 서로 손가락질하면서
우리는 빵을 먹는다
내가 쓰는 빵칼은 몇 등급일까
그래봤자 다 같은 빵칼, 다 같은 사람이라며

지구 둘레를 생각해 내고 태양계와 은하계 그 너머 크기를 떠올리며
웃고 말지만 생각의 탄성은 여전히 짧아
통장 잔고와 내 배포가 서로 상관하는 걸 발견하고는
또 한 번 웃었다

지구에 걸터앉아 빵을 써는 일이 더 어려워졌다

나무들의 도서관

참새가 날아오르며 맑은 스타카토로 배경음악을 내보내는 아침,
그들은 숱 많은 머리를 흔들며 푸르게 서 있다
리본을 얹듯 몇 마리의 참새들을 거느린 책표지에는
책의 온기가 후광으로 떠 있다
젊은 그들이 보낸 서첩의 행간을 찬찬히 읽어가기엔
티브이처럼 듣고 보는 것만이 익숙하여
탄탄한 줄거리에 실핏줄 모양으로 얽힌 이야기를
단숨에 후르륵 책장을 넘기며 본다

저 뒤틀리고 벌레 먹어 시멘트 깁스로 더 무겁고 두꺼워진 책
노회한 그들 앞에 서자
찾고 싶고 버리고 싶은 어린 마음 몽땅 들킨 것 같았지만
옹이 진 가슴앓이엔
따라서 슬플까 건너뛰고 읽었다
책장마다, 단락마다, 문장에서
날마다 다르게 말을 걸어오는 미완의 책
아직도 쓰고 있는 책의 결말은 무엇일까
뿌리 닿는 곳마다 애써 길어 올린 생생한 플롯들을
보태고 보태며

평생 한 권의 책으로 서 있는 천변 가로수길
나는 매일 서가를 거닐며 날마다 젊어지는 샘물을 마신다

길이 끊어진 곳, 어느 빽빽하게 서 있는 숲에 들면
희미해지는 내 발자국이 책 위에 소인을 찍을 수 있을까
받아쓰고 베껴 쓰는 표절에도 찬사를 보내고
더 닮고 싶다 서로 어깨를 두드리는 사람들 모두
가슴에는 한 그루의 나무를 품고 있을 터이다
새롭게 덧붙인 이야기가 궁금해지는 아침,
걸어가는 책들이 모인 하늘 아래에서
그들은 오늘도 푸르게 멍든 자신의 이야기를 높이 쓴다

신은 멀미를 해도 괜찮아

 물의 표면은 늘 공기와 불화 중, 하지만 저항 없이 온몸을 내맡기는 이율배반 속에 맑고 고요해져라, 한 번도 성사된 적 없는 물을 향한 주문이 크고 작은 파고에 전송되고, 빛과 그림자는 전구의 필라멘트처럼 끊임없이 켰다 껐다를 반복하며 서로 손을 잡고,

 반짝인다는 것은 추억의 배반, 갈등과 마찰의 경전을 읽는 암호, 의문을 향해 무수히 꽂히는 화살들, 저물어가는 천변에서 제 몸 안의 에너지를 봄꽃의 개화마냥 터뜨리는 물의 손짓과 리듬, 꽃의 발화와 낙화의 틈새 속 분절되는 지점마다 숨어있는 찰나들, 명멸하는 순간을 일별하는 눈동자 위로 광년의 시간을 달려온 숨찬 호흡으로 꽃의 역사가 이루어지고, 예각의 빗살이 물 위를 두드리면 밝은 눈이 되어 어딘가 숨겨 놓은 노랫말을 흥얼대며 돌아오는 무한 반복이 이어지고,

 희미한 달빛의 숨결이 수면에 머물고, 물고기가 날아오르고, 바람이 흔들면 오늘 하루도 따라 흔들린다 물의 멀미는 삶을 증명하는 들숨과 날숨, 산란하는 별빛의 파장처럼 모든 흔들림은 면죄부를 얻어 아래로 흐르고, 눈을 깜박이며 찰칵- 일어나는 순간의 생각들을 생각하면, 모두 괜찮아, 정말 괜찮아

창밖의 12월

　제라늄과 퇴색한 풀꽃의 흔적만 남은 화분 몇 개 아파트 복도에서 집안으로 들였다 먼지를 닦고 물을 주고 창 너머 쏟아져 들어오는 햇볕을 마중하게 두었다. 그들은 촌스러운 몰골로 앉아 어름어름, 꼼지락대더니 겨울이 서성이는 한복판에서 수십 송이의 꽃으로 말문을 열어 작은 화원을 선물해 주었다 나비와 꿀벌만 날아든다면 완벽한 꽃밭이 되었겠다

　철새의 날개, 물고기의 지느러미, 신의 손이 되어 그들을 동사凍死에서 구해낸 게 아니다 봄의 울타리 안에서 부끄럽지 않으려는 최소한의 연민과 예의일 뿐, 그 사이 창밖의 나무들은 마른 나뭇잎을 서걱대며 칼바람을 이고 있었지만 덜컹거리며 시린 관절을 붙잡고 늙어 가는 좁은 집안에 저들을 거둘 수 없어, 살아남은 지난봄의 기억을 몽땅 소환해 두었다 집안의 꽃들처럼

　창밖의 나무들은 적장자의 위엄으로 뿌리박은 대지를 바람 속에 번쩍 들어 보이고 밤새 서걱대며 문신을 새기듯 허공에 일지를 쓴다 일기장을 베껴 쓰는 아침, 촘촘히 건너오는 우주의 시간은 태평하다 창밖의 12월, 봄이 큰 바람 소리로 일어선다

네크로폴리스

모두 어딘가를 향해 맹렬히 달린다
잠을 자거나 밥을 먹으면서도
자전과 공전의 태엽을 감았다가 풀어가면서
나도 모르게 이동 중이다
재즈 음악에 몸을 흔들거나
한 줄의 시를 쓰고 소식을 전하고 노동에 열중할 때도
제 시간을 갉아먹으면서도 나아가는 중이다

아프리카 남단 바위섬 어딘가에 쌓인 새 떼의 배설 탑처럼
질금거리며 나의 유전자 정보가 담긴 배설물을
곳곳에 흘려 놓았다

드론에 장착된 카메라 속에서 소 떼와 누 떼가 달린다
우- 우 모두 한 방향으로
가는 쪽으로만 가야하는가
거꾸로 달아나 보아도
보이지 않는 그물에서 벗어나지 못한다는 걸
땡볕 그늘에서 전력 질주의 발톱을 숨기고 기회를 노리는 사자도
가는 곳만 가고 먹는 것만 먹는다

샛길은 모두 하나의 길로 수렴된다

드라마틱한 생과 사는 어디에도 없어,

머무는 곳 모두 네크로폴리스

오래 머물수록 바다의 등대는 멀어졌다가 가까워진다

차가운 냉대가 사라지고
뜨거운 환대가 온몸을 사를 때,
그만 울컥 울음이 터지고 말았던 것이다
긴장이 풀어진 자리에는
한바탕 향연이 베풀어지고
그 끝은 언제나처럼 씁쓸할 테지만

-「굴비가 오른 밥상」 중에서

5부

검정

이사 1

아들이 군에 입대했을 때
얼룩무늬 군복을 입은 장병들이 자주 눈에 띄었다
다리를 다쳤을 땐 휠체어를 탄 사람들이
어디선가 문득 나타나 알은척을 하였다
30년 만에 서울집을 떠나면서
낙엽이 떨어져 땅바닥에 눕는 것도
누운 낙엽이 편한 자리를 찾아 굴러다니는 것도
동쪽에 뜬 보름달이 서쪽 기슭 너머로 무심히
닻을 내리는 당연한 행보를 보면서
이사하는구나 중얼거리고,
화분 분갈이를 하면서도
새집에서 잘 살아라 덕담 한마디 건넸다
철새들이 수천 리 날아오르며 찍은 발자국마다
내 밥벌이의 눈물이 사치임을 알아
옷깃 여며가며
목숨 내건 날갯짓의 고단함을 읽었다

야생의 초원에서 먹구름과 천둥번개를 좇아
앞서거니 뒤서거니 지평선의 현을 뜯는 누와 얼룩말

부려놓을 살림도 갚아야 할 빚도 없다
그래서 더 무거운 생의 등짐
초원의 장터를 오가는 탁발의 기억만을
세포 속에 생생히 입력하였을 것이다

우주에서 여기까지 끌고 온 짐
자, 이제 새롭게 시작하자
버린 짐을 끌고 다시 오는 일이 없도록
총알이 날아가는 속도는 초속 1km
서울에서 세종까지 두 시간
가도 가도 우주의 이슬방울 속
생각을 버려도 생각 속에 갇혀
몇 개의 초원을 건너왔나 세어보는
이삿날 아침

이사 2

나를 중심으로 컴퍼스로 원을 그려요
오아시스를 찾아가는 낙타의 등에서
주연이자 조연인 연극무대와 스위트룸이 만들어져요
셀 수 없이 많은 미로의 거미줄도 햇빛에 반짝입니다
그렸다가 지우고 만들어 가는
사라져감에도
재생 버튼으로 환영의 신기루가 차창 밖으로 스쳐 가요
내가 무거워지거나 낡고 해지면
또 다른 동그라미를 그립니다
두 개의 세계 사이에서 엇박자의 시차로
내가 있기도 하고 없기도 하고
미리 가 있거나 다시 돌아와 서성이거나
버릴까 가져갈까,
선택에 지쳐 허물어진 위태로운 가장자리 위로
문득 선물처럼 돋아나는 풀잠자리알을 봐요
그래도 내가 끌고 다닌 동그라미들에는
이마에 표지가 붙어 있다고 믿고 싶어요
크기는 신경 쓰지 않았죠
작은 점 하나와 우주가 다 같은 크기라고

기도로 둥글어지는 동그라미도 있다고
나이를 알 수 없는 컴퍼스가 가르쳐 주었거든요

이사 3

주사위를 던지면 잘 굴러가지는 않아
네모난 것이 굴러가려면 모를 깎아 둥글어져야 해
동글동글 먼 길 잘 굴러가려면 이쪽 모서리를 다듬고
저쪽 모서리도 닳아져야 하지, 왼쪽 오른쪽 모두 거울에 비춰보고
바람의 힘도 빌려오고
먼 세상으로 사라져가는 분진들
겁 모르는 아홉 살, 지붕 위에 올라 담 너머 송전 아재네 청포도를 따 먹고 벽장 속 시퍼런 100원 지폐 훔쳐내 박하엿도 몰래 사 먹고, 중학교 월례고사에서 앞 친구 답 하나를 커닝해서 3등하고, 뭐 그런 일들이 어른이 되어서도 숱하게 많았겠다, 뭐 그런 일만 있었겠나, 날마다 배운 것들은 날이 선 모서리가 되었겠지, 자꾸만 단단해졌겠지, 상처주고 베이고, 뭐 그런 것들이 그렇게 생긴 것들을 사포에 문지르듯, 세월없이 그렇게 사라져 주면 좋은 거지
기우뚱 굴러가다 또 멈추면 엔진오일 갈듯이 다듬어야 해
그래, 그래,
속이 문드러질 때까지 다 닳아버릴 때까지
둥글어질 테야

나 이사 가고 싶거든!
셋집 말고 진짜 내 집으로

굴비가 오른 밥상

석쇠 자국으로 문신을 한 굴비가
아직도 유선형의 곡선이 살아있는 몸매를 뽐내며
전신을 드러내고 누워있다
기름진 육신의 한가운데,
한 점 내장이 흐트러진 것은
살아온 세월의 긴장이 그만큼 컸기 때문이다
내 몸을 온전히 지켜간다는 게
얼마나 힘든 일인지
소금 간에 찌들고
겨울 칼바람에 맞서다가
바다에서 이루지 못한 꿈의 결기가
되살아나면 참고 또 참으리라,
시간의 상처에 순응하며 매달려 왔다
차가운 냉대가 사라지고
뜨거운 환대가 온몸을 사를 때,
그만 울컥 울음이 터지고 말았던 것이다
긴장이 풀어진 자리에는
한바탕 향연이 베풀어지고
그 끝은 언제나처럼 쓸쓸할 테지만

살아있는 나날들에 바쳐진 나의 헌사가
누군가에게 잊을 수 없는
한 끼의 밥상으로 올려지는 꿈을 꾼다

자정子正의 무게

하루의 무게를 달 수 있다면
하루의 무게가 가장 무거울 때는 자정일 테지요
세끼 밥을 먹고
밥을 위해 일한 낮의 수고와 밤의 계획이
저울에 올라가 있을 테지요
일하고 밥 먹고 놀기 위해 쓴 시간 속엔
사랑하고 미워하고 즐거워하는 삽화로 가득 채워지고요
온종일 그 무게가 어깨에 실려
퇴근길 소주 몇 잔에도
친구와의 수다에도
리모컨 들고 TV 채널 바꾸어도
위로받지 못한 채
어두운 미로, 시시각각 확산되는 캄캄한 밤의 부피처럼
자정이 가까워질수록 무거워집니다

하루의 무게를 잴 수 있다면
가장 가볍게 시작하는 때도 자정이겠지요
깃털처럼 가벼이
모든 것을 비우고, 모든 것을 지워서

태초로 돌아가는 시작의 의미가,
그 안에 언제나 생의 변환점이 반짝이겠지요
무겁거나 가볍거나 슬프거나 기쁘거나
그렇게 모두 경계를 넘나들며 살아가는 걸까요
매일 조금씩 수정된 궤도를 따라가며 말입니다

허공에 가설을 세우는 일, 이제 익숙해졌습니다

미장원 소묘

문을 열고 들어가면 언제나
어서 오세요, 떼창 인사가 힐끗 눈으로만 들린다
익숙한 냄새처럼 익숙한 수인囚人이 된다
가방도, 겉옷도 압수당하고
똑같은 옷으로 갈아입는다
문밖의 과거가 지워지는 순간,
나는 이 제복의 평등이 좋다
지저분한 일상들이 가위질과 함께
바닥으로 난삽하게 떨어지는 곳
순서대로 방장 되어 높다란 권좌에 앉아
한 바가지 헬멧 속의 머리칼
살릴 것은 살리려
뽀글거리거나 구불거리거나 열을 내지만
누구는 잡지 속 연예인의 토크에 눈 장단을 맞추고
누구는 휴대전화를 열어 잠시 바깥세상으로 나가고
짬이 난 간수는 신문지 위에서 불어버린 짜장면을 먹는다
자, 이리 오세요,
어린 목소리의 인도로 아직도 익숙해지지 않는 의자에 누워
손이 필요 없는 호사를 누리고

홑이불에 싸여 황제의 침실로 옮겨지던 궁녀처럼
수건으로 감싼 채 거울 앞 권좌로 옮겨진다
시험성적표를 받아 든 듯 거울 보기가 민망하다
그녀는 늘 나의 머리칼에 후한 점수인 만점을 주고
내가 매긴 점수는 간신히 과락을 면하지만
또 웃자라는 생각들을 해결하려고
다시 올 수밖에 없는 인연을 계산하고 나온다

길 위의 작은 돌멩이를 다독이다

낡은 집이 삐걱 잠꼬대를 하며 꿈꾸는 걸 본 적 있는가
산책길에 만난 작은 돌멩이가
새근새근 숨소리를 내며 잠이 든 걸 주워 보았는가

나른한 봄이 그늘을 만들 때 아까시 꽃을 꺾었다
봉밀의 방향芳香과 윙윙대는 벌들이 휘젓는
공기의 진동 속에 졸음이
어린 시간을 주름잡으며 몰려들었고
나무의 품은 넓고 높았다
물풀이 떠다니는 연못 위로 꽃송이가 일렁대고
흰 구름이 걸터앉은 그곳은 주소 불명
눈을 감은 채 단숨에 달려가야
원경과 근경이 어우러진 한 폭의 그림을 불러올 수 있다
늘어진 봄의 햇볕과 그늘을 저울질하며
부엌에서 핑크빛 히말라야산 소금 알갱이를 손바닥에 올려놓고
오래 묵은 잠에 대해 생각했다
오래된 잠 속에는 얼마나 많은 꿈들이 모여 있을까
아이는 어른이, 어른은 아이가 되고 싶은 꿈의 사이클
암막 커튼으로 가린 깊은 침잠, 고요의 바다에서 융기한

해발 8,000미터 산맥이 품은 무수한 꿈들의 얼룩
한 알의 결정을 혀로 굴리며 그들의 나이를 되짚어본다

평생을 모아온 잠속의 꿈들이 아직도 그늘 아래 머물러 있어
연못 속 물고기를 나뭇가지에 숨기거나
길 위를 걷는 등장인물을 새로 바꾸어 본다
길 위의 작은 돌멩이를 다독이며
새집을 지었다가 부수어가며 점점 가벼워지는 봄날에

물의 나이테

누가 감히 물의 나이를 묻지?

잔잔한 강물에 돌을 던져 물의 나이를 물어본다 파문이 번진다 나무에게만 나이테가 있는 게 아니다 물의 나이는 가변형, 돌의 표면적이 만든 배꼽에서 출발하여 여러 개의 동심원을 그리며 멀리 가장자리로 향하는 물의 주름살, 물의 과거는 서서히 펴지면서 말끔하게 지워진다. 강은 돌을 바닥까지 따뜻하게 받아 아픔의 강도만큼 크게 원을 그리며 오체투지의 기도로 엎드려 나아갈 뿐, 물로 물을 씻어 퍼즐을 맞추고 아무런 말도 남기지 않는다. 주고받는 설왕설래 언제나 에필로그, 제로 지점으로 향하지만 다시 예감되는 시작을 기다린다. 팔랑이며 내려앉는 나뭇잎, 개구리의 입수, 심술궂은 바람과 활강하는 새의 부리, 새삼 물의 나이를 묻고 또 묻는 빗줄기에도 강물은 어김없이 질문의 강도와 깊이에 대응하는 숫자들을 모두 다 보여준다

어떤 바람도 겁내지 않겠다며, 돌팔매가 날아와도 원호를 그린 주민증을 꺼내 보이면서 일몰의 붉고 큰 등잔 아래로 총총히 걸어가던 옛사람의 뒷모습을 꺼내본다

검정의 그림자

　암막 커튼을 치고 눈을 감으면 독수리의 날개에 얹혀 하강하던 그날을 다시 불러낸다 가벼운 멀미에도 적응하는 반복의 세계, 펄처럼 스며드는 암흑 속에서도 믿는 구석이 있다 부력에 기댄 채 지하 세계로 내려가는 에스컬레이터를 타고 밤마다 떠나는 여행이 때론 설렌다 밤을 훔치는 혼곤한 잠 속에 드러나는 꿈의 레이스 목적지도 없고 기승전결도 없는 무질서, 또 다른 나의 현현 그것들은 모두 나의 영지 속에서만 걷고, 말하고, 헤엄쳐 다닌다 검은 이면에는 색채로 가득하다 금단의 사과마냥 입혀지는 색깔들 밝고 따뜻하다 아련히 멀어지는 기억들 모두 그림자, 보는 것들은 죄다 그림자다 꿈속의 꿈, 3차원의 어둠이 1차원의 검정 그림자를 몰고 다가온다 나는 검정으로 그린, 순식간에 검게 치환될 수 있는 온갖 색채들과 놀다 온다 꿈밖이라고 다를까 어둠의 그림자가 짙어질수록 안팎으로 색환의 띠는 부풀어 증식을 거듭한다 밤마다, 되풀이되는 생마다, 리셋되는 우리들의 블랙홀

비망록

달걀 껍데기를 벗기는 아침 혹은 저녁

그렇게 평범한 날이었을 것이다
삶은 달걀 하나 조심조심 껍질을 벗겨 입속으로 가져가며
그 작은 지구본에
소금을 치거나 한 잔의 우유를 마시는 일,

수직으로 늘어선 나날들이
그만 수평으로 누워버리는 아침에
아이들의 안부 전화 벨도 울렸을 것이다
창밖에는 새들이 선잠 속으로 들어와 함께 눈을 뜨고
꽃으로 무거워지는 나뭇가지의 흔들림과 함께
먼 데서 가까이에서
지축을 울리는 북소리

하나의 세계를 깨트려 가던, 아침마다 만나던 껍데기가
버거운 저녁이 찾아들면
차라리 내게 소금을 치리라
맨발로

별들의 기척이 생경한 사막으로 건너가
이슬을 마시고
악보 없이 내 몫의 노래를 부르는 일,
밤새워 미스터리 서클이 만들어지는 지상의 흔적을 지워가는
조용하고도 분주한 아침 혹은 저녁

새우

시린 손으로 작은 새우의 껍질을 깐다
새우 등은 모두 꼬부라져 있다
복싱 선수가 가드를 올리듯 전신을 구부린 방어 자세로
생을 마친 음울한 구름 빛 색조를 띠고
활처럼 휘어져 비루해진 새우를 가르치려고
등에 살짝 칼집을 넣는다
새우는 이제 기지개를 켜고 밀가루와 계란 옷을 입고
노릇하게 지져져 밥상에 오를 것이다
새우야, 새우야,
네 손에 무엇을 감추었느냐?
새우가 물결 모양으로 제 몸에 낙인을 찍듯
파도를 타면서도
보듬어 끌어안아 바다에서 건진 것은
자신의 눈보다도 작은 말씀
달빛 한 조각이었다

조금과 사리의 뒤바뀜 속에
바다는 달을 품는다, 새우도 달을 품는다
제 속에 달을 안아 달처럼 비린 말을 낳고

스스로 그러할 뿐이라며
빛나는 말을 자신에게 가둔다

둥글게 말린 새우가 나의 억지 속에서 몸을 펴고
달빛을 토해 붉은 바다를 만든다
나는 이제 함부로 새우를 아랑곳할 수 없다

꽃수를 놓으며

신의 놀이터에서 생의 고비마다 새겨가는 문신
일기장을 들추듯 한 바늘씩
내밀한 이야기들을 풀어낸다
장章과 장, 플롯과 플롯 사이에 편집 가위에 잘려간
여름 태풍과 겨울의 황폐함이 있다
멀리 회오리를 남기고 조용히 사라져간 그들 앞에
환한 얼굴의 그녀들이 웃고 있다
때론 졸린 수련의 모습으로 웃는다는 걸 기억하자
다시 생각의 버튼을 정지하고
화려했던 어느 하루를 떠올려 지루한 인화 작업에 들어간다
따끔한 일침의 무한 반복이 이어지면

아프다
슬프다
힘들다
얼마나 다채로워야 하나
숨은 한숨과 탈락한 이야기들이 새어 나온다
뒤집어 보면 혼돈의 매듭으로 가득한 벌판이다
사방이 가시여서

맨발로 건너온 누더기처럼 기운 시간들의 얼개가 보인다

흐트러지고 퇴색하는 매듭, 이제 꽃의 뿌리로 살아
쭉정이 씨앗을 맺어
설익어 떨어지는 열매를 품더라도
우리 모두 허공에 복기한 꽃의 순간을 기억할 것이기에
시들지 않는 꽃으로 새긴다

신의 놀이터에서 환하게 웃어본다

눈의 집

그들이 하늘의 집에서 지상으로 이사 오는 날
아버지는 저마다의 가슴에 오각으로 점멸하는 심장을 심어주었다
해를 품은 구름의 아들,
너흰 모두 하늘의 별이었다며
잠시 쉬고 오라며 등을 떠민 것이다
가벼운 발걸음
단기필마로 연이어 내달리는 기쁨이
되돌아가던 형제들의 발길도 돌리게 만들고
떠 있는 불안은 바야흐로 안도의 숨결로 포근해지고
태초의 고요함, 덧칠하지 않은 마음으로
허락하지 않아도 다 내 것이 되는 세상으로

그들이 이마에 입춘방의 가로획을 새기고
하늘의 집으로 떠날 것임을 알기에
우리는 때마다 점을 찍는 겨울의 진객을 맞는다

매서운 장풍에 소나무 비늘이 내려앉아
한생의 두께를 이룬 곳에 쉬고 있는 구름의 아들을 보며
오랜 불안을 햇볕에 말려 보낸다

시인의 시집 『신은 멀미를 해도 괜찮아』 속의 시들은 이 두 세계 사이의 진자 운동이 어떻게 이루어지는가를 보여주고 있다. 그것을 미리 이야기 하자면 '스밈'이라고 할 수 있다. 폭력적 대체가 아니라 부드러운 침습에 해당한다. 시는 두 세계 사이에서 진자 운동하며 두 세계를 충격한다.

-「작품 해설」 중에서

작품 해설

동쪽 울타리 아래
국화에 이르는 길

한용국

| 작품 해설 |

동쪽 울타리 아래
국화菊花에 이르는 길

한용국 (시인)

    욕망은 언제나 완전한 충족을 원한다. 하지만 그 욕망은 언제나 좌절된다. 세계는 완전을 허락하지 않기 때문이다. 그 좌절의 순간마다 세계는 이전과 다른 얼굴로 눈앞에 나타난다. 그 낯섦 앞에서 존재가 선택하는 행동은 두 가지다. 그 낯섦을 외면하거나 망각해 버리기도 하고, 그 낯섦 속으로 한 걸음 들어서기도 한다. 그 순간들에 직면했을 때, 어느 쪽을 선택하느냐에 따라 삶은 조금씩 달라진다. 두 가지 선택 중 후자의 빈도가 많았던 경우, 이른바 결정적 순간이라고 부를 수 있는 상황과 마주치게 된다. 결정적 순간 이전의 선택들이 마치 안개 낀 숲 속으로의 한 걸음 같은 것이었다면, 결정적 순간 앞에 서게 된 존재는 모든 것을 분명히 알게 된다. 이제는 이전과 다른 것을 욕망해야 한다는 것, 게

다가 그 욕망에는 아무런 보상도 없다는 것이다. 그 낯선 세계를 단순하게 분류해 보자면 다시 두 가지로 말해 볼 수 있을 것이다. 하나는 종교적 초월의 길이고, 다른 하나는 예술적 기투의 길이다. 두 길 모두 선택의 결과이지만 존재 양상은 다르다. 초월하는 존재는 자신보다 더 큰 존재, 혹은 더 큰 세계 안에서 새로운 완전성을 추구한다. 하지만 기투하는 존재는 다르다. 더 불완전한 세계 안으로 자신을 내던지고, 그 불완전을 사유와 감각을 통해 다시 살아내기를 선택하는 것이다. 그 사유와 감각의 매개체로 시라는 장르를 선택한 존재를 세계는 시인이라고 호명한다.

다시 '기투'에 대해 생각해 보자. 여기에는 일종의 존재론적 잉여가 함축되어 있는 것은 아닐까. 태어난 상황에서 던져진 상황 속으로 전환된 존재가 추구하는 어떤 상상적 장소, 거기를 던져진 존재로서의 시인에게 시가 발생하는 장소라고 상정해 볼 수 있을 것이다. 그 장소는 태어남과 던져짐 사이의 자리, 완전과 불완전, 충족과 결핍, 충만과 결여가 혼재되어 있지 않을까. 앞에서 이야기한 두 삶의 길 모두는 역설적으로 던져지기 이전의 세계를 향하는 것은 아닐까. 던져진 존재로서 바라보는 이전의 세계는 불완전과 결핍을 허위를 통해 대체하고 보상하고 있는 세계로 인식되기 때문이다.

| 작품해설 |

 기투된 존재들은 바로 그 허위를 자신의 삶으로 혹은 예술로 충격하고자 한다. 그리하여 던져진 존재로서의 시인이 머무르는 세계는 바로 그 이전의 세계를 충격함으로써 발생하는 혼재와 잉여의 자리인 것이다. 그 장소는 언어의 속성과도 닮아있다. 언어 또한 마찬가지로 던져진 존재로서의 속성을 갖고 있기 때문이다. 언어는 의미와 무의미 사이를 진자 운동한다. 언어는 그 의미와 무의미 사이에 존재한다. 던져진 존재에게 세계는 더 이상 태어난 존재로서 영위하던 세계가 아니고, 내던져진 세계는 거의 미지에 가깝다. 그러므로 시인과 시인의 언어는 바로 그 사이를 진자 운동 하면서 두 세계 모두를 충격하고자 한다.

 사공정숙 시인의 시집 『신은 멀미를 해도 괜찮아』 속의 시들은 이 두 세계 사이의 진자 운동이 어떻게 이루어지는가를 보여주고 있다. 그것을 미리 이야기 하자면 '스밈'이라고 할 수 있다. 폭력적 대체가 아니라 부드러운 침습에 해당한다. 시는 두 세계 사이에서 진자 운동하며 두 세계를 충격한다. 그 충격은 조심스럽게 서서히 두 세계에 균열을 발생시킨다. 그리고 흘러내리고 서로 스며들도록 한다. 그렇게 섞인 두 세계는 조금씩 변화하여 새로운 모습을 드러낸다. 모순이 배제와 폭력을 낳는 세계가 아니라, 새로운 섞임과 열림으로 나아가는 세계가 그것이다. 그 첫 번째가 바로 「파랑」이다.

시 「파랑」에서 "파랑"은 그저 발생한 것이다. 색상도 아니고 언어도 아닌 그저 '파랑'일 뿐이다. 그 자체로 자기 충족적이다. 마치 순수한 질료와도 같다. "집성촌에 모여" 살고, "목격자가 없는 역사, 돌려보기의 시차"를 품고 있을 뿐이다. 당연히 "고민도 규칙도" 존재하지 않는다. 자기 충족적인 존재에게 존재의 양상은 '다만 거기 있음'일 뿐이다. 반대로 생각해 볼 수도 있을 것이다. "파랑"은 한 편으로는 존재하지 않는 것이기도 하다. "집성촌에 모여 살"고, "목격자가 없"으며, "돌려보기의 시차"로만 가능할 뿐이다. 즉 그것은 누구에게도 목격되지 않은 존재이기도 한 것이다. 있음과 없음의 속성을 한 몸에 모두 품고 있는 존재라고 말 할 수도 있다.

그렇다면 이 모순적인 '파랑'은 어디서 온 것인가. 그것은 "하늘"과 "바다" 사이에서 발생한다. 그 발생의 형식은 "산란"이다. "하늘이 낮아지고", "바다가 부풀어 오르는" 사이에서 시작된 것이다. 그러므로 "하늘과 바다는 서로 다른 파랑의 족보"를 내보이는 것이 가능해진다. "산란"의 근원은 '빛'이다. '빛'이 공기 등의 입자를 만나 여러 방향으로 퍼지는 현상을 가리킨다. 그것은 '없음'에서 '있음'의 방향과 동시에 '있

| 작품해설 |

음'에서 '없음'의 방향의 두 성격이 모두 내재되어 있는 현상이어서 어쩌면 기원과 현상의 두 성격 모두를 함축한다. 서로 넘나들면서 존재하는 동시에 부재하는 것이다. 존재와 부재의 양방향성을 모두 갖고 있다. 그렇게 다만 '파랑'으로 흔들리면서 퍼져나간다. 이 '산란'은 충족과 결여가 동시적으로 발생하는 자리인 동시에, 그 두 속성이 모두 구현되는 확산의 형식인 것이다.

그렇기에 '파랑'은 '산란'의 파동으로 자연스럽게 세계에 스며든다. 그러니 "풍선"과 "달"이 섞이며 부풀어 오르는 것이 가능해진다. 당연히 모든 것은 "광속"의 일부다. "광속"에는 어떤 형태도 없다. 그러니 "무정형"이고 "무작위"다. 그렇게 "스며들고, 흘러가면서", "파랑"은 세계에 침습하고, 세계 이전인 동시에 세계의 현재로 현상한다. 그렇게 "파랑"은 어디에나 있다. "액정 태블릿"에도, "남극과 북극의 빙하"에도, "캄캄한 밤"에도. 여전히 '하늘과 바다'로 표상된 "두 개의 집성촌"은 견고하다. 세계는 그 집성촌에서 산란한 "이민"의 세계다. 여기에 이르면, "하늘"과 "바다"의 견고성은 역설이 된다. 모두 원본 없는 표상이 되어 버리는 것이다. "파랑"도 사라지고, 파랑의 "산란" 이전도 사라지고, "산란"만 있다. 하지만 존재하는 "산란"조차 망각한 채로 있다. 그러므로 "모든 지상의 언어"는 "파랑"의 언어가 아니라, 파랑의 "파생어"가 되어 버리는 것이다. "파랑"이 "색맹"이라니, 그리고 "꿈속까지 들어와 푸른 용을 그리"다니! 어느 사이에 여름이고, 모든 것이 여름의 "파랑" 속에 있는데, 정작 "파랑"을 보지 못한다. 어쩌면 그 "색맹"조차도 "산란하는" 색맹일지도 모르겠다.

그리고 「웃음소리」가 '나타난'다. 정확하게는 "폭포"가 '나타났'다고 해야 할 것이다. '나타났다'는 말이 강조되는 것은 시인에게 '폭포'는 단순히 물리적 대상이나 실제로 존재하는 것이 아니기 때문이다. 천천히 시를 따라가 보기로 한다. "가야할 길은 외길"이고, "선택의 여지가 없다"는 사실이 화자 앞에 놓여 있다. 하지만 화자는 그것을 "다행"이라고 여긴다. 그 "외길"은 "굽은 길"인데, 그것이 "중력의 다림질"에 펴지고, "막다른 골목"이 나타난다. 삶의 막다른 상황과 마주친 존재가 그 상황을 운명적으로 수용하는 자세를 보여주는 듯하다. 그 상황 속에서 화자가 선택한 것은 바로 "웃음"이다. 그 "웃음"은 어떤 의미에서는 '비명'과도 같은 것이었을까. '모든 소리'가, '꽃이 피는 순간의 미성'까지도 잠재워 버린다. 그 '소리'가 세계를 삼켜 버린 것이다 이 '웃음'은 과연 누구의 것일까.

이제 "폭포"를 만날 차례다. 하지만 당혹스러움이 먼저다.

| 작품해설 |

눈앞에 나타난 것은 "흐르지 않는 폭포"이기 때문이다. "번지점프 따위는 없다"는 것은 그만큼 위태롭다는 뜻일 것이다. '번지점프' 같은 것은 생각할 여지도 없는 어떤 어마어마한 사태와의 마주침이기에 그렇다. 그 앞에서 사람들이 할 수 있는 것이란, "검은 바위 속에 유언을 새기는" 일뿐이다. 이 어마어마한 사태와의 마주침 속에서 다시 화자는 "마주 보며 웃"는다. 그러자 나무들이 '웃'고, "산맥을 달려 온 바람의 웃음소리가 내려 꽂히"고, "당신과 나의 뒷모습"은 사라진다. 그 사라진 자리를 채운 것은 마중 나온 풀꽃의 향기로 가득 차고, 모든 '웃음'은 '검'이 되어 "비단폭"을 벤다. 검객이 달빛을 베는 듯한 장면을 상상하게 하는 이 장면에서 '칼'은 바로 '웃음'이다. 아주 천천히 폭포가 사라지는 자리에 웃음소리가 희미하게 일어서는 풍경.

남은 것은 "지루한 강과 바다"이며, 끝내 만나게 되는 것은 "사막"이다. 아마도 그럴 것이다. 폭포는 끝내 흘러 바다에 닿고, 바다를 건너 사막을 만날 것이다. 예비된 그 길을 견뎌내기 위한 마지막 퍼포먼스가 바로 '웃음'이었다. 하지만 폭포는 매 순간마다 흘러가고 흘러온다. 그 퍼포먼스는 끊임없이 계속된다. 당연히 '웃음'도 끊어지지 않는다. 그리고 그 웃음은 당연히 '텅 비어 있'다. 매순간마다 흘러가고 흘러오는 그것을 알아 버렸기 때문이다. 그러므로 세계가 아무리 비극적이라 할지라도 '웃음'으로 가득 채울 수 있게 되는 것이다. 그렇다. 「웃음소리」는 원래 있었던 것이 다만 '나타난' 것일 뿐이다. 소리는 파동이다. 파동 또한 마찬가지다. 그것은 차 있는 듯, 비어 있는 듯, 시시각각 다가오고 사라지는 세계다.

이렇게 읽어본 시 두 편 「파랑」과 「웃음소리」는 '산란과 파동'이라는, 일종의 '빗금'과도 같은 세계 인식을 보여준다고 말할 수 있을 것 같다. 그것을 '사이'를 발생시키는 인식이라고 할 수도 있을 것이다. 하지만 동시에 '사이'를 감추는 인식이기도 할 것이다. '스밈'은 분명한 사태지만, 흔적이 남지 않는 사태이기도 하니까. 시인의 이러한 시적 인식은 어떻게 발생하게 된 것일까. 어쩌면 그 기원을 더듬어 볼 수 있는 것이 아마 시 「안부」일 것 같다.

이 시에는 '너'라는 대상의 부재가 드러나고 있다. '너'의 부재는 이 세계를 "연극무대"로 만들어 버렸다. "연극무대"의 속성이 그렇지 않은가. 존재하는 세계이면서 존재하지 않으며, 동시에 그 반대도 가능한 세계다. 그야말로 두 세계 모두를 괄호에 넣어 버리는 것이 가능한 것이다. 보고 있지만 속해 있지 않고, 속해 있지만 볼 수 없는 두 가지 상황이 펼쳐져 버

| 작 품 해 설 |

린다. 이것이 '너의 부재'가 나에게 일으킨 사태다. 그 사태의 비극성은 첫 행에서부터 드러난다. "수억 겹 미로의 숲"을 건너왔는데, 이 세계는 눈길 "둘 데 없는" 장소가 되어 버렸다. 이런 상황 속에 처한 사람이 할 수 있는 일은 무엇일까. 허무에 빠지지 않고 '너의 부재'를 견디는 일은 어떤 것일까.

그것은 시에서 '너의 부재'를 세계에 조금씩 흘려보내는 일로 드러난다. "네가 뱉은 숨결을 거두어 마시고/ 네가 남긴 온기로 몸을 데"우는 행위가 그것이다. 말하자면 이 세계의 모든 것, 모든 존재, 모든 현상을 '너'의 흔적으로 만들어 버리는 것이다. 그럴 때 이 세계와, 이 세계에서의 삶은 종착지가 아니라, 너를 향해 가는 경유지가 된다. 너의 흔적을 찾는 일은, 한 걸음이라도 더 너에게 닿는 일인 것이다. 이럴 때, "연밥이거나 볍씨거나 작은 씨앗으로 나란했던 먼 기억"의 세계와 이 세계가 이어질 수 있다. 한 걸음 더 나아가면, "한 번, 한 번 더 옷깃 닿는다면"에서처럼 '너'는 이 세계에 있지만, 다만 '만날 수 없'을 뿐이거나, 이미 '만나기도 했'지만, 알 수 없을 것이라는 인식도 가능해진다.

그렇기 때문에 역설적으로 화자는 저 괄호 처진 세계, "연극무대"에 참여하기를 원하게 되는 것이다. 모든 존재가 동일할 거라는 생각 때문이다. 나뿐만 아니라 모두가 여행자이며, 이 세계는 경유지라는 생각이 그것이다. 여기서 '괄호'는 경계가 아니라 스밈의 삼투압적 경계로 변한다. "내가 만나러 가는 사람이 누군지/ 그들이 가는 꿈 속 또 다른 무대에서/ 나의 안부도 제대로" 묻고 싶어지는 것이다. 그 괄호는 어느 사이엔가 '나'의 존재론적 성격 또한 바꾸어 버린다. '나' 또한 어딘가, 누군가의 간절한 부재라는 생각. 그러니 시 「벚꽃 핀 날」에서는 모든 관계가 서로가 서로의 그림자인 관계가 되어 버리기도 한다. "검은 속내"가 "흰 거짓말"로 피어오른다고 말하고 있지만, 그것은 서로 바뀌어도 상관없다. 희든 검든, 관계란 서로의 "그림자를 떠다"가 "흰 밥"을 짓는 일이기 때문이다. 어떤 관계든 그것은 '꿈과 꿈'이 섞인 것이므로 앞서 말한 시 「안부」에서 발생하는 "연극무대"가 가능한 것이다. "방향을 바꾸어 가며, 고개를 돌려가며/ 길 없는 길을 떠다"니는, "올라가는 힘으로 떨어져야 하"는 역설의 세계가 '너'가 부재하는 세계이며, 그 세계에서 내가 관계를 견디는 방식이기도 하다.

그러나 세계는 여전히 비극으로 가득하다. 그 비극의 근본은 자본주의에 지배되는 삶이다. 시 「울타리 안에서의 일」에서 그것은 단적으로 드러난다. "지구에 걸터앉아 빵을 써

| 작 품 해 설 |

는 일이 더 어려워졌다". 그 "어려움"은 "아는 척"과 "모르는 척" 사이에서 "서로를 손가락질하"기 때문이다. 이 시에 드러나는 상황은 이렇다. 새로운 빵칼이 필요해 시인은 우선 백화점에 들른다. 이런저런 칼을 고르다가 마땅한 칼을 보니 독일제다. 게다가 가격도 비싸 돌아 나온다. 그 칼의 가격은 195,000원이었다. 집에 돌아와 인터넷 쇼핑몰에서 골라서 다시 새로운 칼을 주문한다. 전쟁터에 나가도 될 정도의 장도가 20,000원이어서 주문을 마친다. 그러다가 동네의 다이소로 가 보니, 그럴싸해 보이는 빵칼이 2,000원이었다. 어떤 칼이나 빵을 써는 데는 아무런 지장이 없을 빵칼들인데, 파는 장소가 어디냐에 따라 가격의 차이는 크다. 시인의 이러한 빵칼 구매 경험은 사실 누구나 알고 있는 일이다. 그것은 장소성의 문제다. 어디에 존재하느냐에 따라 가치가 결정된다. 사용가치와 교환가치의 부조화는 이제 그 자체의 특성에 장소성까지 부가되었다. 작은 울타리 안에서 어디에 위치하느냐에 따라 교환가치가 달라지는 것이다. 시인은 그 장소성의 문제를 장소의 무한 확대를 통해 감쇄하고자 한다. 지구에서 태양계와 은하계 그 너머의 크기까지 떠올려 보지만 소용없는 일이다. 그 어떤 장소도 우리들의 삶은 결국 숫자로 수렴되고 마는 것이다. 결국 삶은 숫자를 넘어설 수 없다는 것. 그러므로 시에 등장하는 우리들의 손가락질은 결국 소유한 바

의 '숫자'를 향한 손가락질이다. "작은 울타리"가 아니라 "지구"에 걸터앉아서도 결국 숫자를 벗어날 수 없는 세계인 것이다. 이런 상황에서는 "아는 척"과 "모르는 척" 사이에 어떤 간극도 존재할 수 없지 않은가. 비극의 근원지는 바로 이 '간극 없음'인 것이다. 그 '간극 없음'의 인력은 강하다. 아무리 벗어나려고 애써도 속해 있던 세계의 인력에서 쉽게 벗어날 수 없다. 그 세계에서 다른 것을 욕망할 뿐인 것이지, 여전히 발은 이 세계를 딛고 살아가고 있는 것이다. 다만 이전과는 다른 상황을 목격하게 되는 것뿐이다. 시 「나비와 피라미드」는 이 상황을 잘 드러내고 있다.

 1930년대에 김기림이 발견한 나비는, 청무우밭을 꿈꾸었으나 끝내 바다에 내려앉을 수밖에 없었던 나비였다. 하지만 그 나비는 그 냉혹한 바다에서 다행히도 천신만고 끝에 살아 돌아왔다. 하지만 이 시대의 나비는 그렇지 못하다. 찾아가야 할 "청무우밭"조차 존재하지 않는 것이다. 아니 처음부터 찾아가려는 의지조차 무력화된 것처럼 보인다. 나비는 "청무우밭"을 찾다가 역에 온 것이 아니라, 처음부터 '역'을 찾아들었다. 그 "역은 저 너머 얼음 박힌 우주처럼/ 끝내 풀지 못할 방정식처럼/ 차갑고도 큰" 세계다. "지하철을 타고 꽃밭으로 가려는 것도 아니다"에서 어떤 암시를 읽어낼 수 있을 수도

| 작 품 해 설 |

있을 것 같다. "역"을 이해하지 못하는 존재에게 역을 벗어날 수 있는 "지하철"은 존재하지 않는다.

"역"이 "청무우밭"이 아닌 줄 알면서도 찾아온 나비는, 현대 욕망의 성격을 상징적으로 암시하는 것이지만, 비극의 강도는 짙다. 왜냐하면 바로 그 "역"이 "나비" "자신의 피라미드"이기 때문이다. 이 시에서 "역"으로 찾아들기 전, "나비"가 살던 세계를 생각해 보자. "저물녘 낡아가는 기울기 속에서/ 꽃의 지문을 더듬던" 세계는 과연 평화롭고 아름다운 세계였을까. 아니면 평화롭고 아름답게 위장된 세계였을까. 결국 남은 것은 "전동차의 울림과 궤적"뿐이고, '청무우밭'을 찾아가는 나비는 우상화되어 버렸다. 삶의 모든 것이 박제가 되어 버린 채 저마다 자신의 무덤으로 흔들리는 세계, 결국 이 세계는 모두가 자신이 이해할 수 없는 "역"에서 끝내 자신의 "피라미드"가 되어가는 존재들의 무덤 속이라는 비극적 인식인 것이다.

이제 시인은 어떤 존재인가를 이야기해야겠다. 아마도 "역으로 날아 들어와 피라미드로 흔들리는", "나비"를 목격한 존재가 시인이 아닐까. 시 「뜨개질하는 풍경」은 그 시인됨의 모습을 엿볼 수 있게 하는 시다. "공중에 실을 걸지 못"하는 줄 알면서도 "공중에 실을 던져 올리는" 모습이 그것이다. 그것은 바로 "무위의 동작"이다. "구름 한 모퉁이"에 실을 걸거나, "빗줄기를 감아 바늘 코를 이을지도 모른다"는 "무위"의 성격을 암시한다. '실을 걸거나 잇는' 행위가 바로 시인의 무위가 이루어 놓는 결과일 것이다. 그것은 모든 사이를 이어놓는 행위다. "일"과 "인터넷 쇼핑", "도서관"과 "절판된 소설", 즉 어딘가 모순적인 관계에 있는 것들이 이어진다. "친구의 허기진 수다"와 "나무와 놀기"가 또 이어진다. 그리고 '나', 혹은 '우리'의 과거와 현재가 이어진다.

그것이 "무명실"이든, "알록달록 색실"이든 "아무것도 아니"므로 문제되지 않는다. 문제는 "실"이 아니라 그 실로 인한 '이어짐'인 것이다. 그렇게 세계와 삶, 여기저기에 가득한 매듭들이, 끝없이 허공에 던져 올려지면서 풀려나가고 어디선가 이어진다. 그 이어짐이 "기적처럼 날실과 씨실"로 세어지고, "한 뼘의 피륙 위로 무지개"를 띄우고야 마는 것이다. 이제 "무지개"에 주목해 보자. 혹시 이 시의 "무지개"는 하늘에만 걸려 있는 무지개가 아니라, 하늘과 땅 사이에 걸쳐 있는 "무지개"는 아닐까. 하늘에도 존재하고 땅에도 존재하면서, 동시에 어느 쪽에도 속하지 않는 존재, 바로 시인의 시를 읽어나가기 시작하며 처음 만났던 "파랑"의 산란과 마주치는 것이다.

| 작 품 해 설 |

 그리하여 시인의 가장 중요한 시구이자, 근원이 되는 시구를 만날 수 있게 된다. 바로 이 질문에서 어쩌면 사공정숙 시인이 발생했고, 시인의 시가 발생했는지도 모른다. 그리고 "무지개"처럼 두 세계 사이를 산란과 파동을 통해 충격하고 스며들게 하고 이어지게 했는지도 모른다. 그것을 바로 시 「뜨개질하는 풍경」에서 만날 수 있다. "겨울의 26도와 여름의 26도는 어떻게 다른가"가 그것이다. 이 질문이 아마도 시인을 '결정적 순간' 앞에 세웠던 것은 아닐까. 어느 날 자신과 세계에 던진 이 질문으로 인해 시인은 내던져진 존재가 되었고, 다른 것을 욕망하는 존재가 되었다. 그리고 '산란'이 시작되었다. 시인의 시들은 한 편 한 편이 바로 그 '산란'이 발생하는 자리다. 다시 한번 질문을 중얼거려 본다. "겨울의 26도와 여름의 26도는 어떻게 다른가" 쉽게 대답이 나오지 않는, 갑자기 말문이 턱 막히는 자리, 세계 속에서 시의 '산란'이 시작되는 자리를 온몸으로 감각할 수 있을 듯하다.

 그 '산란'의 다음 자리에 바로 「둥근 것들에게 바치는 경배」가 존재한다. 시 「둥근 것들에게 바치는 경배」는 앞서 말한 바 "겨울의 26도와 여름의 26도는 어떻게 다른가"가 시인 자신과 독자에게 펼쳐놓은 심연인 동시에 절벽인 자리를 어떻게 건널 수 있을 지 암시하고 있다. 그 암시는 "이 세상 모든 둥근 것들에게/ 한 아름/ 동쪽 울타리 아래 국화를 따서 바치네"에 있다. 이 구절이 인용된 도연명의 시 「채국동리하採菊東籬下」의 첫 구절은 이렇게 시작된다. "사람들 사는 곳에 오두막집 엮었으나結廬在人境/ 수레와 말의 시끄러움이 없다而無車馬喧" 어찌 그럴 수 있는 지 자문하자, 마음이 멀어지면 땅을 저절로 외떨어진다고 말한다. 그리고 사람들에게 가장 많이 회자되는 "동쪽 울 아래에서 국화를 따다가採菊東籬下/ 멀리 남산을 본다悠然見南山"는 구절이 등장한다. 그 남산은 저녁이 되어 저물어 가고, 새들은 짝을 지어 돌아가는 풍경 속에 있다. 그리고 마지막 "여기 참된 뜻이 있으니/ 말하려다 이미 말을 잊었네"로 마무리된다. 어쩌면 선적禪的인 이 구절에서 사람들이 주목하는 것은 바로 "노을 지는 산이 아름답고, 날던 새들이 짝을 지어 돌아오는 풍경"일 것이다. 그 풍경은 일상적인 풍경인 동시에, 어떤 선적禪的 깨달음을 함의하고 있는 풍경이기 때문이다. 그러나 시인이 주목하는 것은 바로 "동쪽 울타리 아래 국화"다. 그것은 어떤 선적 깨달음의 영역으로 넘어서기 이전의 시적 풍경이자 행위다.

이 글의 처음에서 말한 바, 초월의 세계가 아니라, 불완전한 세계를 사유와 감각으로 다시 살아내기를 선택한 사람만이 발견할 수 있는 "한 송이 국화"인 것이다. 도연명의 "동쪽

| 작품해설 |

울타리 아래 국화"는 바로 이 시에 등장하는 "담벼락에 기대고 무심히 서 있는 자전거 바퀴"에 대응하기 때문이다. 이 사유를 파악하고 나야 다시 시를 따라가 볼 수 있게 된다. 시인은 아무도 주목하지 않을 "자전거 바퀴를 일없이 돌려본"다. 그 행위를 통해 시인은 "지나온 길"을 돌아보게 된다. 그 길은 "길섶 아침 이슬과 일몰의 광휘가 사라지던/ 반복의 패턴 속"의 길이다. 누구의 삶인들 그렇지 않을 것인가. 그러나 시인은 그 "자전거 바퀴"를 "누군가 둥글게 먼 시간의 바퀴를 굴려온 밥상"으로 전환시킨다. 거기에 얹어놓는 "놋수저 한 벌", 이 "놋수저 한 벌"을 올려놓는 일이 아마도 "원심력과 구심력의 균형을 맞추는 것"이 아니었을 것인가. 끝내 쓰러지지 않고, 구를 수 있는, "눈물방울"이 끝내 굴러 "진주"가 되도록 만드는 힘의 근원이었던 것이다. 그 힘으로 시인은 경단을 빚듯 자신의 "모난 날들"을 "지문이 닳도록" 둥글려 왔던 것은 아닐까.

　지난한 기투와 스밈, 그 끝에 이르러 시인은 알게 되었다. 세상의 모든 당신들의 산책은 "지구를 굴리며 우주를" 산책하는 것이며, "이 세상 모든 것"은 "둥근 것"이라는 것을. 이 인식이 바로, 시인으로서의 기투와 스밈의 삶이 이루어 낸 결과가 아니었을 것인가. 그 길은 말로 드러내기는 쉬우나,

행하기 어렵고, 행하여 얻은 뒤라도, 다시 말하기 어려운 길이다. 이 둥긂, 순환을 통해, "겨울의 26도와 여름의 26도는" 끝내 만나게 된다. 결국 시인은 지난한 기투와 스밈을 통해 순환론적 사유의 시적 노정에 이르렀다. 그 노정은 이제 모난 당신을, 모난 세계마저도 둥글게 만들어 나갈 것이다. 그렇다면 이제 시인의 노정은 완성된 것일까. 바로 그 대답이 어쩌면 이 세상 모든 둥근 것들에게 따서 바치는 한 아름의 "동쪽 울타리 아래 국화"일 것이다. 도연명이 그 후에 본 것은, "노을 지는 산은 아름답고, 새들은 짝지어 돌아가는" 풍경이었다. 시인은 이제 그 질문에 자신만의 풍경을 보기 위한 길을 걷기 시작할 것이고, 시인의 시를 읽는 우리 또한 우리 자신만의 풍경을 향해 시인과 함께 걸어보게 될 것이다. 아마 거기에는 "오답"이 없을 것이다. 시집 『신은 멀미를 해도 괜찮아』의 시들은 이렇게 모든 방향이 정방향인 세계를 펼쳐 놓는다. 우리는 그 세계를 시인과 함께 걸어도 좋고, 어쩌면 시인과 멀리 따로 떨어져 걸어도 좋을 것이다.

신은 멀미를 해도 괜찮아

RAINBOW | 109

신은 멀미를 해도 괜찮아

사공정숙 시집